KEPU ZHISHI WENYUDA

科普知识问与答

思远◎主编

江西美术出版社
全国百佳出版单位

图书在版编目（CIP）数据

科普知识问与答 / 思远主编 . -- 南昌：江西美术出版社，2017.1（2021.11 重印）
（学生课外必读书系）
ISBN 978-7-5480-4943-2

Ⅰ . ①科… Ⅱ . ①思… Ⅲ . ①科学知识－少儿读物 Ⅳ . ① Z228.1

中国版本图书馆 CIP 数据核字（2016）第 260633 号

出 品 人：汤 华	**江西美术出版社邮购部**
责任编辑：刘 芳 廖 静 陈 军 刘霄汉	联系人：熊 妮
责任印制：谭 勋	电话：0791-86565703
书籍设计：韩 立 李丹丹	QQ：3281768056

学生课外必读书系
科普知识问与答　　思远　主编
出版：江西美术出版社
社址：南昌市子安路66号
邮编：330025
电话：0791-86566274
发行：010-58815874
印刷：北京市松源印刷有限公司
版次：2017年1月第1版　2021年11月第2版
印次：2021年11月第2次印刷
开本：680mm×930mm　1/16
印张：10
ISBN 978-7-5480-4943-2
定价：29.80元

本书法律顾问：江西豫章律师事务所　晏辉律师
部分图片来自：www.quanjing.com
赣版权登字-06-2016-824

　　遥远的星空正发生着什么？宇宙的尺度用什么测量？星系是如何形成的？地球最初的外壳是怎样的？沧海桑田，经历着什么样的变化？厄尔尼诺到底是怎么回事？动植物有哪些秘密习惯和武器……

　　要想成为一个有科学头脑的现代人，就要对你在这个世界上所见到的事物都问个"为什么"。少年儿童了解了科学体系的概貌，形成与之相匹配的知识结构，才能够与时俱进地进行知识更新，才能透彻理解和轻松应对有关科学的各种问题。本书是献给渴望探索世界的少年儿童的科普百科全书，书中为读者奉上了一场知识的盛宴。书中介绍了7个学科的内容，涵盖神秘宇宙、地球大观、动物世界、动植园地、科技发明、军事天地、人体奥秘；以问答的形式系统介绍了每个学科的相关内容，形成了一个完整的知识体系。通过本书，读者可以打开科学殿堂的大门，从而拓展自己的知识面，提升自己的科学素养。

　　这是一本简单而不枯燥，全面而不艰涩的科普读物，绝对会给你一种趣味纷呈的感觉。全书选配了百余幅图片，或是实物照片、现场照片，或是手绘插图，也有大量原理示意图和结构清晰、解释详尽的分解图等，涵盖面广、表现形式丰富的图片与简洁、准确的文字交相呼应，共同打造了一座彩色科学展览馆。通过这个有形有色的展览馆，少年儿童可以更加形象、直观地理解各学科知识。

趣味十足的文字描述，美轮美奂的精美图片，轻松让孩子玩转数理化，识遍自然界，激发他们的想象力和创造力！通过阅读本书，读者不仅可以认识奇妙的宇宙、美丽的地球家园，还能深入动物世界或计算机学等领域，去了解人类最先进的研究成果。

让阅读成为生活习惯，科学成为思维态度，希望本书能为少年儿童打开一扇扇奇异的科学之门，引导读者享受知识、走进科学的世界。

目录
CONTENTS

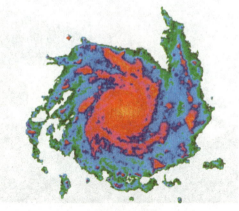

第三章
地球大观

第四章
动物世界

第五章
植物园地

第六章
科技发明

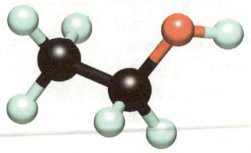

第七章

军事航天

第八章

人体奥秘

第一章

孩子最好奇的

7个科学问题

 为什么大象的鼻子那么长?

许多人对大象又粗又长的鼻子感到好奇。其实，大象的长鼻子是进化的结果。

最初，大象的鼻子并不像现在这样长，大象的身体也不像现在这样高大。后来，为了抵御恶劣的自然环境和天敌的进攻，象的身体越长越大，个子越来越高，四条腿也长得又粗又长，大象的嘴离地面也越来越远了。

大象是喜欢吃草的动物，它的嘴离地面远了，获取食物的难度也就增大了。于是，为了生存下来，大象的上唇便一点一点地变长了，随着上唇的延长，它的鼻子也跟着越来越长。经过了很长时间，大象的鼻子进化成了今天这个样子。

长鼻子大象

大象这种又粗又长、伸缩自如的鼻子，能够与上唇协调合作，完成取食物、喝水等工作，还可以当作武器使用。

 向日葵为什么向阳开?

向日葵是一种常见的植物，它有一个特点，那就是它的花总是向着太阳开。这是为什么呢?

科学家们经过研究发现，这是植物生长素在起作用。植物生长素十分有趣，阳光照到哪里，它就从哪里溜掉，好像有意与太阳捉迷藏似的。早晨，向日葵的花盘朝东，生长素就从向阳的一面溜到背阳的一面，使那里的组织加快生长。结果，花盘和茎部背阳的部分长得快，拉长了。向阳的一面长得慢，于是植株就弯曲起来。向日葵的花盘就这样朝着太阳打转。

那么，向日葵为什么向阳开呢？那是因为在向日葵的大花盘四周，有一圈金黄色的舌状小花，中间是管状小花。管状小花中含的纤维很丰富，受到阳光照射后，温度升高了，基部的纤维会发生收缩。这一收缩，就使花盘主动地转换方向来接受阳光。可见，向日葵花盘的转动并不是由于光线的直接影响，而是受温度影响的缘故。

为什么秋天树叶会脱落？

每当到了秋天，树叶就会脱落。落叶时，绿叶先是变成黄色或深红色，然后，被阵阵秋风从树上刮下。这是什么缘故呢？

植物的叶片在生物圈中发挥着很重要的作用。它们利用光照合成营养物质，并把氧气排入大气层。这只有在存在着热、水分和光的条件下才能实现。当寒冷来临的时候，叶片处于积极工作状态的植物很容易受到伤害，因为光合作用需要大量的水。在空气和土壤温度降低时，寒冷能够扼杀未被保护的植物，把它们细胞中的水变成冰。为防止这一点，植物摆脱多余的水分，落去叶子，以落叶来适应气候的变化。这样一来，叶子脱落能保护植物不脱水。可见，秋天叶子脱落是植物进行自我保护采用的一种方法。

秋天是自然界生物养精蓄锐的重要时期，落叶也是树木为来年的正常生长所做的一种准备。

🪐 商品上为什么使用条形码？

在许多商店，当顾客采购商品完毕，在收银台前付款时，收银员只要拿着带有条码的商品在装有激光扫描器的台上轻轻掠过，就能把条码下方的数字快速输入电子计算机，通过查询和数据处理，机器可立即识别出商品制造厂商、名称、价格等商品信息并打印出购物清单。这样不仅可以实现售货、仓储和订货的自动化管理，而且通过产、供、销信息系统，使销售信息及时为生产厂商所掌握。目前世界上大

条形码

约有 70 万家 POS 扫描商店，我国已建成 1000 余家 POS 扫描商店。这类 POS 店正以惊人的速度发展。事实上，条码已成为商品进入超市的必备条件，商品条码化是企业提高市场竞争力，扩大外贸出口的必由之路，是实现生产流通环节自动化的前提条件，同时也是制造商适时调整产品结构的技术保障。近年来，我国许多省市（如北京、上海、福建等）已有文件规定，任何无条码商品不得进入超市。

工人正在给商品装箱，加条形码。

为什么交通信号灯要用红、黄、绿三种颜色？

　　世界上第一个由红、绿两色组成的交通信号灯出现在英国伦敦。经过不断的改进，才出现了由红、黄、绿组成的三色信号灯，并且人们对灯光颜色所表示的意义有了如下规定：红色表示禁止通行，黄色表示警告信号，绿色表示通行。这种规定几乎被世界各国所接受，并一直沿用至今。交通指挥信号采用红、黄、绿三种颜色是根据光学原理，经过长期研究和实践确定下来的。红色光的波长长，穿过空气的能力大，同时，红色信号比其他所有的信号更容易被人注意，区别也最明显。所以，红灯被选为禁止通行信号。黄色光的波长较长，穿透能力也较强，黄灯的显示距离比红、绿灯远，因此采用黄色灯光作为警告信号。采用绿色作为通告信号，是因为绿色和红色的区别最大，易于分辨，同时，绿色光的显示距离也较远。

为什么电车有"辫子"？

　　电车最引人注意的地方就是车顶上那两根搭在电线上滑行的集电杆，常常被形象地称为电车的"小辫子"。在外观和结构上，电车与公共汽车差不多，但它们的动力来源大不相同。汽车靠燃油发动机驱动，电车则是靠电能驱动。电车使用的电能是依靠特别的集电装置获得的。电车顶上两根带有触轮的集电杆与专门架设的两根架空电线相接触，电

电车

流由架空电线通过一根集电杆，经控制设备到达牵引电动机，然后经另一根集电杆回到另一根架空电线，形成回路，从而使电车获得行驶时所需的动力。任何一根集电杆脱落，电流中断，电力失去动力来源，电车就无法继续前行了。所以，对于电车来说，"小辫子"虽然不太方便，但却是必不可少的。

 ## 为什么飞鸟会成为喷气式飞机的"敌人"？

　　现在的飞机大多是喷气式飞机，它们的发动机要从周围吸进大量的空气才能工作。因此，飞机的进气口都开得很大，如果飞鸟正好在它的附近飞行，就会身不由己地跟空气一起被吸进发动机里去。在高速撞击之下，它的破坏力还是很厉害的。再加上喷气发动机内部结构十分精密，常常会使发动机的工作受到严重的影响，甚至迫使发动机停下来，造成飞机失事。另外，飞鸟如果直接碰撞在现代喷气式飞机的外壳上，由于喷气式飞机速度快，这种撞击也会造成很严重的后果。

第二章

神秘宇宙

宇宙正在不断地扩大吗?

我们的宇宙如同礼花扩散一样,正以飞快的速度远离银河系,向外延伸。星系间的空间也在不断地扩大。

有位科学家曾打过这样一个比喻,他说:"如果把星系比作葡萄干,那么,宇宙就是一个已经烤好了的正在膨胀着的葡萄干面包。"意思是说,葡萄干的大小并没有变,而是空间(面包)在扩大。

宇宙扩展的速度叫做哈勃常数,科学家通过研究发现,宇宙已经按照这个常数膨胀扩大了100亿~150亿年。在距地球1千万光年(1光年=94608亿千米)的星系附近,1秒钟膨胀的速度就是184千米。

不断扩大的宇宙

宇宙中都有些什么?

在汉语中,"宇"是指无限的空间,"宙"是指无限的时间,宇宙就是一个无边无际、没有中心、没有形状、无穷无尽、无始无终的物质世界。

人类对宇宙的认识有个过程。古代人认为地球就是宇宙,后来人类的视野从地球扩展到太阳系,进而延伸到银河系,然后又开拓到银河系之外的河外星系、星系团、总星系。太阳连同它周围的行星、众多卫星、神秘莫测的彗星、无数的小行星和流星体组成了太阳系。

尽管太阳系成员众多、幅员辽阔,但在宇宙中所占的空间只是极小极小的一部分,比太阳系范围更大的是银河系,银河系中有1500亿颗恒星。

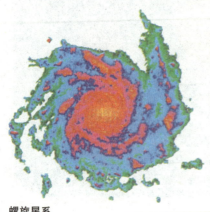

螺旋星系

银河系也不是宇宙的尽头。在银河系之外，还有许许多多像银河系一样的星系，我们称它们为"河外星系"。至今，我们已发现10亿多个河外星系。所有的河外星系又构成更庞大的总星系。除此以外，宇宙中肯定还存在着其他我们目前尚未发现的东西。

银河系属于旋涡星系

 其他星球上也有活火山吗？

我们知道，在地球上的不少地方，都有过火山喷发的记录。那么，除了地球，其他的星球上有没有火山喷发呢？

1979年3月，"旅行者1号"飞船访问了木星及其卫星。从"旅行者1号"拍摄的照片来看，木星及其卫星并没有火山迹象，也看不到大多数卫星上都有的撞击坑。"旅行者1号"离开木星几天后，控制中心的一位女工程师为了测定它的准确位置，像调节电视机一样增强了飞船发回的图像亮度，使背景都清晰显示出来。她意外地发现，木卫一的边缘有一根绿色"羽毛"。进一步研究表明，这"羽毛"竟是一座正在喷发的火山！后来，科学家又在木卫一上发现了好几座活火山，它们喷发的高度为70千米～300千米，比地球上任何火山都喷得高。木卫一的大地上每年要落下1厘米厚的火山灰，所以撞击坑很快都被覆盖了。另外，在金星、火星上也存在着火山活动的迹象。

帕里库廷火山

星球之间为什么相安无事？

宇宙中的星球数量众多，简直数也数不清。有人也许会担心，它们会不会经常相撞呢？事实上，星球之间一般是相安无事的。

如果天上星球离得很近，而且又杂乱无章地运动，也许它们会互相碰撞，但由于星球之间距离一般都很远，所以它们相撞的可能性是很小的。众所周知，月球是离地球最近的天体，但平均距离也有 384400 千米。地球离太阳就更远了，平均距离是 14960 万千米。

另外，太阳系里的行星在太阳引力的作用下，都按自己的轨道绕太阳不停地运行，它们并不会擅自离开自己的轨道，所以彼此不会相撞。

太阳系以外的星球互相之间的距离就更远了，平均距离在 10 万光年以上。离我们最近的恒星与地球之间的距离也有 4 光年。所以，它们就更不可能互相碰撞了。据科学家计算，天上的星星大约 100 亿亿年才可能发生一次碰撞。

太阳系八大行星示意图

什么是恒星？

恒星是指自己会发光，且位置相对稳定的星体。恒星都是十分庞大的天体，其主要成分是氢，其次是氦。在 700℃ 以上的高温下，恒星内部的物质会相互作用，同时释放出巨大的能量。这与氢弹爆炸的原理一样。在恒星内部，每时每刻都有许多"氢弹"在爆炸，使恒星长期不断地作为一个炽热的气体大火球而发光发热，并且，越往内部，温度越高。即便是恒星的外表，温度也十分惊人，最低温度为 200℃ 以上，最高温度可达 40000℃。恒星表面的温度决定恒星的颜色。恒星是宇宙中最基本的成员，对于任何恒星个体来说，它既有产生的一天，也有衰老死亡的一天。但一批恒星"死"去了，又会有一批新的恒星诞生。

恒星是由大团尘埃和气体组成的星云收缩而成。在星云的收缩过程中，星云物质的热量会增加，部分热量辐射到外部去，其余热量使星云物质内部的温度升高。到中心温度达 15000000℃ 时，恒星内部所产生的热量与向外辐射的热

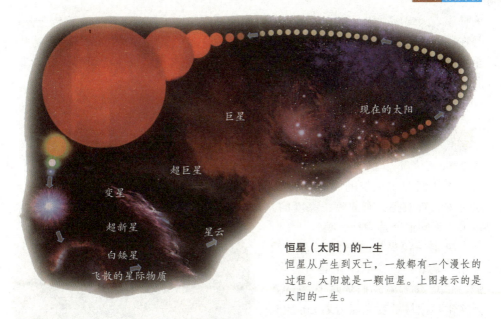

巨星

超巨星

变星

超新星

白矮星

飞散的星际物质

星云

现在的太阳

恒星（太阳）的一生
恒星从产生到灭亡，一般都有一个漫长的过程。太阳就是一颗恒星。上图表示的是太阳的一生。

量相当，这时候它会成为一个相对稳定的恒星，并进入成年期。这一时期是恒星最稳定的时期，它约占恒星一生 90% 的时间。目前，我们所能看到的恒星绝大多数处在成年期。人类的衣食之源——太阳——这个离地球最近的恒星也是如此。

 你知道星座的来历吗？

在浩瀚的星空中，有许多的星座。各个星座的大小不一样，形状也各不相同。你是否知道星座名字的来历呢？

星座的名称，有的取自古希腊神话中的人物，如仙女星座、仙后星座等；有的是根据星座中主要星体的排列轮廓想象成为各种器物或动物形象而命名的，如船帆星座、大熊星座、天鹅星座等。

巴比伦人早在公元前 3000 年左右，就给星座起了名字。到公元前 13 世纪时，巴比伦人把黄道附近的恒星分成 12 个星座，分别称为：白羊座、金牛座、双子座、巨蟹座、狮子座、处女座、

猎户星座

天秤座、天蝎座、人马座、摩羯座、水瓶座和双鱼座。这些名称一直流传至今，并在国际上通用。在我国，古人把星空划分为许多"星宿"，其中著名的并流传至今的有织女星、老人星、天狼星等，这些星座的名称也一直为世界天文学家所认可并使用。

🪐 星星的亮度为什么不同？

当我们仰望星空的时候，会发现满天星星中，有的亮，有的暗，亮度的差别很大。你知道这是为什么吗？

决定一颗星星亮度的因素有两个：一是看它自身的发光能力有多强，二是看它离我们地球有多远。天文学家把星星发光能力划分成 25 个星等，发光能力最强的比最差的相差 100 亿倍。不过，一颗星星即使发光能力再强，如果它离我们很远，那么它的亮度还不及发光能力比它差几万倍的星星。

金星

比如，有一颗叫"心宿二"的恒星，它的体积是太阳的 2.2 亿倍，发光能力约是太阳的 5 万倍，但是它离我们地球有 410 光年。因为距离实在太远，所以它在我们看来只不过是一颗闪烁着红光的亮星，可是，假如把"心宿二"搬到太阳的位置上，那么，地球上的万物早就被它烤化了。

星星的位置为什么会变化？

平时，在我们的肉眼看来，星空中的星星的相对位置是不变的，但实际上星空的整体位置却在缓慢地、不断地变化着。如果你仔细观察，就会发现所有的星星都围绕着北极星运行，运行的周期与昼夜周期接近，但并不完全一致，每天略提前些。如果今晚 10 点在正南方看到天狼星，而在第二天是晚上 9 点 56 分看到在同一位置的天狼星。要是在 1 年之后再观察，则要提前整整 24 小时才行。

星星位置的变化，是地球自转以及公转所造成的。人家知道，地球每 24 小时自西向东绕地轴自转一周。地球自转时，居住在地球上的人也跟着转动，但我们并未感觉到地球在运动，而是感觉到星星由东向西运动，因此，我们看到的是星空背景的逐步变化。地球在自转的同时还围绕着太阳运动，在绕太阳公转的轨道上，地球所处位置不同，我们看到的星空也就不同。地球的公转和自转合在一起，就使我们看到的星星每天提前 4 分钟出现。

为什么夏季的星星比冬季多？

如果你经常观察夜空，就会注意到这样一个现象：在晴朗的夏夜，天上的星星数量似乎总比冬夜的星星多一些，这是什么原因呢？

我们日常见到的星星，多数是银河系内的星星。在整个银河系内有着 2000 亿颗以上的恒星，这些恒星大致分布在"饼"形的空间范围内。这个"饼"的中央比四周厚，从"饼"的一端到另一端大约需要 16 万光年。太阳系所在的位置大约距银河系中心 3 万光年。如果我们向银河系中心方向看，就可以看到恒星最为密集的银河系的中心及大部分的银河系，如果向相反方向来看，则正好是银河系的边缘部分，自然看到的星星就少得多了。

夏日的星空

地球在日夜不停地绕太阳转动，北半球夏季时，地球正好位于太阳与银河系中心之间的位置，可以看到恒星最为密集的银河系的中心部分，自然星星就多。而冬季时，我们夜晚看到的是银河系的边缘部分，恒星的数量自然就少一些了。

你知道哈雷彗星的奥秘吗？

哈雷彗星是一颗著名的周期彗星。英国天文学家哈雷于 1705 年首先确定它的轨道是一个很扁长的椭圆，并准确地预言了它以大约 76 年为一周期绕太阳运行。哈雷彗星最近这次回归于 1986 年 2 月 9 日过近日点，近日距为 0.59 天文单位（8800 万千米）。为了确切查明彗星物质的详情，前苏联、日本、西欧和

美国分别发送了几颗宇宙飞船前往，近距离考察这颗彗星，并取得了一些成果，如哈雷彗星的彗核长 15 千米、宽 8 千米，比原先估计的要大。同时发现彗核表面呈灰黑色，反射率仅为 4%。水和冰是彗星的主要成分。

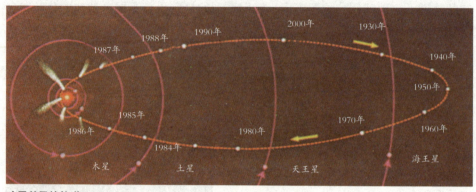
哈雷彗星的轨道

谁是太阳系中的老大？

在太阳系家族中，如果按体积大小排名次，太阳只能屈居第二，老大的位置应该让给太阳系的过客——彗星。

彗星与太阳系的其他行星不一样，它由彗发、彗头和彗尾组成，而彗头的主体是彗核。彗核的体积很小，直径从几百米到几百千米。彗星绕太阳运转的公转轨道特别长。在运转的绝大部分时间内，彗星既没有彗发也没有彗尾，只是以彗核为主体，像普通行星那样沿着自己巨大的轨道运转。当彗星运行到离开太阳大约 3 亿千米的时候，它的形体开始发生变化：从彗核散发出来的气体和微小的尘埃粒子，形成了彗头、彗发和彗尾，而且离太阳越近，彗头越大，彗发光度越高，彗尾更是加速扩张延伸。发育完整的彗星的彗头，直径一般在 5 万千米到 25 万千米之

1986年2月出现的哈雷彗星

1961年出现的哈玛逊彗星

间，但 1800 年出现的一颗大彗星，彗头的直径有 180 多万千米，比直径为 140 万千米的太阳大得多，它的彗尾长达 1.6 亿多千米，宽 2300 万千米，这条圆锥形彗尾的体积大约是太阳体积的 2 万倍。

太阳正在变小吗?

太阳是不是在变小？这是天文学家一直争论不休的问题。1979 年，美国青年天文学家艾迪根据英国天文台长达 117 年的观测记录发现，太阳在这 100 多年里缩小了千分之一。于是有人计算，按照这种收缩速度，约 17 万年后，太阳就会缩小到看不见了。

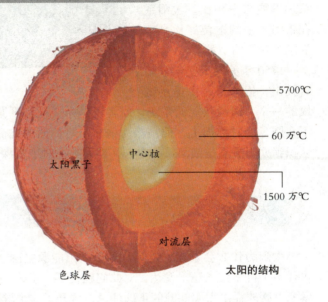

太阳的结构

有些科学家认为这种说法有一定根据，因为美国海军天文台长期的观测资料也显示太阳在收缩。人们经过计算得知早在 1567 年 4 月 9 日发生的日食应是日全食，但当时人们看到的却是日环食。艾迪解释，那是因为 1567 年的太阳比现在大一些，不能被月亮全部遮掩，露出了太阳的边缘，才成为日环食。

可是，也有天文学家持相反观点。他们认为，如果 17 万年后太阳就缩没了，那么 17 万年前的太阳应该比现在大 1 倍，可是，这一点在古地质、古生物、古气候资料中没有找到任何相关的证据。由于众说纷纭，我们现在还很难确定太阳是不是在变小。

太阳系在银河系的中心吗?

在太阳系内，太阳居中心位置，其余的行星都是围绕着它运行的。那么，整个太阳系又是否处在银河系的中心呢？

我们所看到的银河系是一个十分庞大的恒星集团，约有 2000 亿颗恒星，太

阳不过是其中极普通的一颗。银河系看上去是环绕天空的一条亮带，但是用天文望远镜观看，里面却是密密麻麻的星星。对于太阳系来说，银河系非常庞大，太阳系远不能与它相比。太阳系在银河系中的地位好比是一箩筐芝麻中的一粒。

银河系（平视）

1750年美国天文学家赖特提出，银河系是由恒星组成的一个"透镜状"的系统，或者说是一个呈扁平圆盘状结构的系统，太阳并不在圆盘的对称面上，而是略为偏向于对称面的北侧，不在银河系的中心。能认识到太阳系不是银河系的中心，是人类在对宇宙探索中迈出的一大步。

太阳为什么会产生光和热？

太阳为什么会发光、发热？对于太阳能源之谜，自古就有人提出。不过在古代由于科学技术还不发达，对此问题找不出正确答案，直到1938年，美国科学家贝蒂才提出太阳能源的正确理论，解开了这个谜。

贝蒂认为，太阳能源来自太阳内部的热核聚变。确实，太阳的能源不在其表面，而是在它的核心部分。太阳中心的温度高达15000000℃，压力又十分巨大，在这高温、高压条件下，物质的原子结构遭到了破坏，结果使氢原子核有可能通过一些原子核反应结合成氦原子核。每4个氢原子核结合成1个氦原子核，

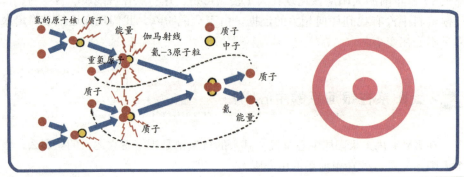

太阳内部的热核聚变

同时释放的能量要比原来大 100 万倍以上。后来，科学家们又发现，太阳上氢的含量极为丰富，足可以进行 100 亿年以上的热核反应而不会停止，因此，太阳内部的热核聚变是太阳发光、发热的真正原因。正是依靠太阳产生的光和热，地球才会如此生机勃勃。

太阳系以外的星球上有生物吗？

适合生物存活的环境必须是能使生物的形状和活动总保持稳定，还能使生物摄取热能，排出废物，并从外部补充新的物质的。所以，那种冰冻或火热的极端恶劣的环境是不适合生物生存的。生物存活还需要能溶解营养、释放能量的水和氧。假如能在月球或火星上建造一处可调节环境、储存氧和食物的房子，就能像宇宙飞船里那样暂且忍耐一段时间，否则，生物就无法生存。由此可见，太阳系里不可能有这种行星。

银河系里大约有 2000 亿颗恒星，大多为寿命极短的星星。即使是寿命长的也是缺少能量的红色小星，并不适合生物存活。有些星星像太阳一样是单独星体。行星平均 10 颗左右连在一起，其中 3 颗左右温度适宜，大小与地球差不多，很可能有大气和水。

有的学者认为，行星上出现生命是超偶然现象。至于除地球外，是否还有有生物的星球存在，那就不得而知了。

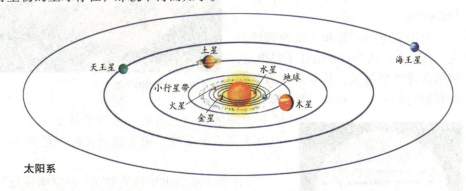

太阳系

为什么说金星"一年"只有"两天"？

天亮前后，东方有些发白的天空中有时会出现一颗相当明亮的"晨星"，人们叫它"启明星"；黄昏，西方那灰白色的天幕上，有时会出现一颗相当明亮的"昏

星",人们称它为"长庚星"。这两颗星实际上是同一颗星,它就是金星。金星是天空中除太阳和月亮以外最亮的星,所以人们又叫它"太白星"或"太白金星"。

金星绕太阳公转一周相当于地球上的225天,自转一周为243天。由于它的自转方向与公转方向相反,是逆向自转,所以在金星上看到的太阳是西升东落的。金星的逆向自转使得金星上的一昼夜比它自转一周的时间要短得多。据计算,金星上的一昼夜为117天,白昼和黑夜各为59天左右,金星上的"一年"大约只有"两天"。

金星电脑效果图

为什么木星和土星都很扁?

在宇宙空间,一般的天体都是球状的,所以我们才把它们称为星球。不过,这些星球并不是标准的球体,也就是说,它们的半径并不是处处相等的。科学家把天体的这种特性称为"椭球效应"。

太阳系中的木星和土星的椭球效应尤其明显,两个行星的样子都很扁,利用普通的望远镜,甚至是肉眼都能观察到它们的这一特征。科学家经过

从木卫一上看到的木星

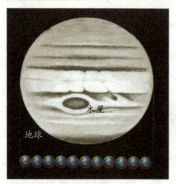

木星与地球的大小比较

精密的测量得知:木星的赤道半径比极半径长9000千米,土星的赤道半径则比极半径长5500千米。

为什么木星和土星特别扁呢?科学家经过研究已经找到了答案,就是因为在它们致密的核心外面,没有地球那样的幔和壳,只有核外的液体和与其相连的大气,类似一个"流体"球;另外,它们自转的速度都比较快,转一周只需9至10小时,所以产生的离心作用也特别大。两种因素综合在一起,木星和土星就格外扁了。

土星的光环是由什么组成的？

在电唱机上旋转的唱片，越靠中心部位转速越慢，越靠外侧转速越快，这就叫"刚体力学"，是指一个固定的物体旋转时所具有的特征。但七零八落的东西围绕着中心有强大吸引力的物体旋转时，特性是离中心越近的物体旋转的速度就越快，这叫"开普勒运动"。最典型的例子是太阳系的行星。

说起土星的光环，如果光环是静止不动的，它会被巨大的吸引力吸引而即刻脱落，所以光环旋转着才保持着平衡。如果光环是一个和唱片一样的固体的话，那么进行开普勒旋转，靠近中心部位的转速很快，它就会变得粉碎。

土星的7道光环

实际上，土星的光环是由一个个固体颗粒组成的，无数个固体小颗粒不断围着土星旋转，这些颗粒越靠中心部位转速越快，越靠外侧转速越慢。我们可以通过日光反射和利用红外线或雷达观测看到形成光环的一个个固体的颗粒，有的如直径几厘米的沙子，有的像直径几米的岩石，颗粒表面覆盖着一层冰。

海王星上为什么风暴不断？

在太阳系的八大行星中，海王星的气候是极其恶劣的，尤其是海王星上的风暴非常强劲，远远超过地球上的台风。海王星上的风暴时速最高时可达 2000 千米，风暴发作的时候，狂风席卷着白云，在冰层覆盖的海王星上空疾速奔驰，让这个温度处在零下210℃的星球更加荒凉、恐怖。

我们知道，地球上风暴的形成是太阳的热力导致的，海王星与太阳的距离比地球远，按道理那里的风暴不应该比地球上强烈。那么，海王星上

1989年8月"旅行者2号"传回来的海王星照片

为什么会形成如此大的风暴呢？

1986年1月24日，"旅行者2号"探测器飞到海王星近旁，发回了大量有关海王星的信息，谜团由此迎刃而解。原来，海王星自转一周的时间是17.24小时，而它的云层却需要20至22小时才能绕海王星赤道运行一周，这样，海王星星体的旋转与大气的旋转形成错位，从而造成了风暴迭起的现象，因此产生风暴的原因与太阳的热力是无关的。

火星上有没有运河？

1879年9月，意大利米兰天文台台长斯贾帕雷利守候在天文望远镜旁对火星进行观察。在这次观察中，他发现了火星上布满着各种各样的条纹。他把这一观察结果写成论文送到伽利略科学院，立即引起了轰动，因为那时人们把这些条纹看成是"运河"，不过，这是一个误会，有人把斯贾帕雷利论文中的"水道"翻译成了英文的"运河"。

近些年，我们通过宇宙飞船已经探明了火星上没有生命，那么，火星上的"运河"又是怎么来的呢？

火星上的"运河"曾经引起了不少天文学家的浓厚兴趣，希望能够有重大的发现。不过，限于当

火星与地球大小的比较

时的科技条件，研究并没有实质性的进展。现在，对火星上的"运河"之争已经做出结论，火星运河实际上是错觉。1976年美国两艘宇宙飞船在火星上拍摄的照片告诉我们，火星上一片荒凉，既没有生命，也没有所谓的运河。

"水手9号"拍摄到的火星的"月亮"——火卫一（直径约23千米）、火卫二（直径为12千米）

月亮是怎样形成的?

关于月球的起源,历来众说纷纭,各种假设都有一定道理,但都难以服众。

持"同源说"的学者认为,月球与地球一样,由同一块星云几乎在同时收缩凝聚而成。如果这种说法成立,那么为什么月球与地球在物质组成上会有如此明显的差异呢?

持"分裂说"的学者则认为,月球是由早期处于熔融态的地球赤道带上的膨胀体析出凝聚而成,它是地球的浅表物质,因而密度较小。这种说法虽能说明月球和地球为什么会有如此大的密度差异,但是月球现在并不在地球赤道面的上空,这一铁的事实,又使"分裂说"难圆其说。

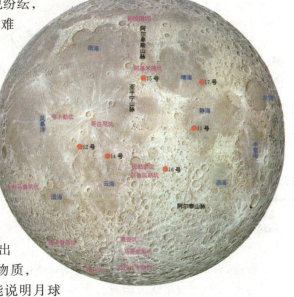

月球的表面
11号、12号、14号、16号、17号为阿波罗宇宙飞船曾经登陆的地点。

20世纪80年代后期持"大碰撞"假说的学者则认为,在太阳系演化早期,在现在的月地空间内,有一原始的地球和质量为地球14%的另一小天体,它们已各自独立成形,因偶然相碰撞,致使地球的飞出物与那个小天体的核心结合而成月球。

直到现在,月球的起源问题仍然没有定论,还是一个谜。

为什么我们始终看不到月球的背面?

月球在太空中一直环绕地球运动,是地球的卫星。不过,千百年来,月球在环绕地球运动过程中,我们只能大约看到59%的月面,月球始终不肯将其另一半露出来,所以我们是不能看到月球全貌的。

1959年10月,前苏联发射的"月球3号"宇宙火箭第一次拍摄到月球的背面,

人们才第一次见到了月球背面的真面目。

为什么月球始终不肯将其另一半展示给我们呢？这主要是地球对月球的引力所造成的。正是由于地球对月球的引力造成月球的各圈层之间的摩擦，损耗了月球自转的能量，使月球自转的速度减缓。现在月球自转一周与环绕地球运动一周的时间相等，正是由于月

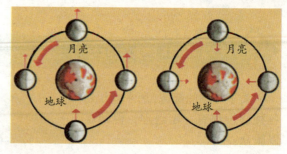

若没有自转只有公转的话，我们可以看清月亮的各个侧面。

自转和公转周期相同，我们只能看见月亮的同一侧面。

球自转一周同环绕地球运动一周时间相同，两种运动的方向和速度一致，所以我们在地面上就始终看不到月球的背面了。

地球还有一个"兄弟"吗？

最近，有的科学家提出，在太阳系中，还可能存在一个我们没有发现的，大小、质量与地球相近的星球。但是，人在地球上永远不会发现这颗星球，因为相对地球而言，它始终处在太阳的另一面，它围绕太阳运行的周期接近地球绕太阳的周期，因此，在地球上即使借助最强大的光学望远镜，也窥视不到这颗星球，只有向金星或火星发射载有天文望远镜的卫星，才有可能传回有关这颗神秘星球构成的有关信息。

然而，大多数天文学家认为，这种说法缺乏有力的科学依据，因为太阳系是一个完整的天体系统，由太阳、行星和它们的卫星、小行星、彗星和行星际物质构成。太阳系的所有这些"成员"之间，都有引力的作用，使它们以一定的规律运行。如果太阳另一面多出一个地球的"兄弟"，太阳系各大行星，特别是地球、金星、火星的运行轨道就会发生很大的变化，这些轨道会与现在计算的数据不符。

地球

日食与月食是如何形成的?

日食、月食发生在太阳、月亮和地球处于同一直线上时。当月亮位于太阳和地球之间时,月亮就会遮住太阳,太阳看上去就像缺了一部分,从而形成日食。当地球行至太阳与月亮之间时,月亮则进入地球的阴影之中,月亮黯然失色,就出现了月食。

所以,日食只发生在新月之时,而月食只出现于满月之日。

新月、满月都是每月一次,但日食、月食并非月月都会发生,因为绕地球旋转的月球轨道与绕日旋转的地球轨道相

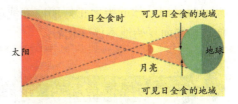

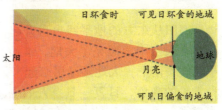

日环食与日全食

互倾斜,成5°倾斜角,太阳、月亮和地球就仿佛排列在唱盘般的平面上。平时的新月都处于太阳与地球连线的上侧或下侧。当月球全部进入地球的本影区中,称为月全食;如果只有一部分进入本影区,则称为月偏食。一年之中,大约会发生两次月食,每一次都必定是在满月的时候,时间则可以维持2小时左右。

为什么月亮有圆缺?

宋代的大文学家苏轼写的词中有这么两句:"人有悲欢离合,月有阴晴圆缺。"一直被人们称作是词中名句。

月有圆缺,大家都习以为常。但为什么太阳就没有圆缺呢?因为太阳是自己发光的,但月球却不会自己发光。月光是反射太阳照射到月球上的光。曾经观察过月食的人都懂,月全食就是指什么光也没有了,这是因为月球正好处在地球产生的阴影之内。如果是月偏食,就是月球的一部分处在地球的阴影之内。这是太阳光照射月球产生月光的最好证明。

我们观察到月球在农历月之中总是每天都发生变化。月初是镰刀状的,称它为新月;月中是圆圆的,称它为满月,或望月;但到了月末又变成船状的,称它为残月。月球的模样之所以在变化,正是因为月球绕地球而转动,太阳光照射到月球上的方向和我们人类观察月球的视线之间有一个夹角,这个夹角总

是在不停地变化，好像我们坐在火车上看着一座山，火车在不断地前进，我们前面的那座山的形状也在不停地发生变化。

月球绕着地球转一圈就是农历的一个月，也就是月球变化的周期。初一，月球被太阳光所照射到的半面正好背向着地球，所以我们就看不到了。月半时，太阳照射到月球的半面正好面向着地球，所以我们就可以看望月了。月球就是像这样周而复始地不停变化着。

白昼与黑夜是怎样转换的？

太阳从东方的地平线冉冉升起，它越升越高，高挂在天空中，照亮了大地，继而又从西方地平线缓缓落下，大地逐渐黑暗起来，这是一种常见的现象，日复一日，人们也就习以为常了。在 400 年前，人们都认为地球是不动的，而太阳是围绕地球运行的。众所周知，事实并不是这样的。

距今 400 多年前，伟大的天文学家哥白尼在著作中早已明确地说明，我们日常所看到的太阳沿着天空运行的现象，是地球绕着自身的地轴在自转着，并且把它表面的不同部分在不同时间内向着太阳。由于地球是无声无息地带着我们一起转动，我们就误以为太阳在动，而不是地球在动。这正像一个坐在正在行驶的火车中的人，从车厢中向外眺望时，就觉得道旁的树

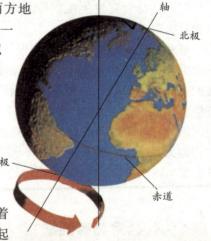

自转的地球
因为地球按自西向东方向自转，所以我们看见太阳每天从东方升起，由西方落下。

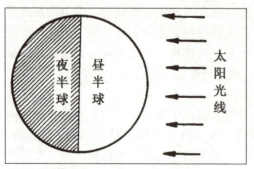

白昼与黑夜的转换

木、建筑物以及其他物体都在向车行的反方向奔跑一样。地球是由西向东地自转，所以我们看到太阳是东升西落。由于地球的自转，在不同的时间里，地球表面不同的地方向着太阳或背着太阳，就产生了白昼与黑夜的交替转换。向着太阳的一面就是白昼，背着太阳的一面就是黑夜。

第三章

地球大观

地壳为什么不停地在运动?

科学工作者曾经在喜马拉雅山脉发现了鱼类的化石,从而证明世界屋脊曾经是汪洋大海;在台湾海峡的海底发现了原始森林遗迹,证明台湾岛原来同祖国大陆是相连的。类似的地理变迁很多,这都是地壳的运动造成的。

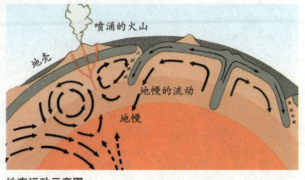

地壳运动示意图
图上箭头表示"软流层"不同的运动方向。

从古到今,地壳一直就没有停止过运动,只是其运动很缓慢,我们感觉不到罢了。人们发现,地壳总是在沿着平行于地表或垂直于地表的方向运动。地壳是地球表面的一个圈层,是由固态的各种岩石组成的。地壳平均厚30千米~40千米。在其下面的是地幔的上部,也是呈固态的岩石。由此往下是一层具有可塑性的、缓慢流动的物质,被称为"软流层"。地质学家认为,正是由于这层软流层的运动,带动了地壳运动。

由于软流层中的各部分物质的物理、化学性质不同,它们经常要进行调整。如温度高、单位体积质量小的物质,会因膨胀而向上运动;温度低、单位体积质量大的物质,会因收缩而向下运动。向上运动的物质到达软流层的上部,接近岩石圈时,就会引起地壳的运动。

你知道天有多高、地有多厚吗?

我们常用"天高地厚"来形容天地的广大辽阔。但长期以来,对"天有多高,地有多厚"的回答,人们众说不一。如今,随着科学技术的发展,这一难题已经得到解决。

前苏联9位科学家曾在1989年乘气球对天空颜色作了一次详细的观测。当他们从地面上升到8.5千米的高空时,天空一直是青色的;上升到10.8千米的高空时,天空成了黯青色;超过18千米高空之后,由于空气非常稀薄,光不发生散射,天空成了一片黯黑色,这时太阳和星星同辉。由此可见,青天离地面距离只有 10 千米左右。

地有多厚呢？这里的地指的是地壳。地壳由各种岩石组成，上部叫硅（guī）铝层。因各地的地壳结构不完全一样，所以厚度很不均匀，其中大陆地壳与海洋地壳差别最大。大陆地壳平均厚度约 35 千米，最厚的地区是我国西藏地区，厚度约 80 千米；海洋地壳很薄，平均不到 27 千米；太平洋地区最薄，仅约 7 千米，全球地壳平均厚度是 20 千米左右。如果做一个鸡蛋那么大的地球仪，地壳比蛋壳要薄得多。

西藏羊八井地热壶泉

 ## 煤是怎样生成的？

如果你有机会去煤矿参观的话，一定会看到在煤层里有像树干一类的东西，这说明煤主要是由植物变来的。那么，古代的植物是怎样变成煤的呢？

原来，大约在距今 3.3 亿～3.2 亿年这段时间，有生成煤的有利环境。那时，由于气候条件适宜，地面上到处生长着茂密的植物、成片的大森林，海滨和内陆湖里生长着大量的低等植物，如藻类、芦苇、蒲草以及浮游生物等。后来由于地壳运动，这些植物一批批地被埋在低凹地区、湖里或者海洋的边缘地带。这些被泥沙掩埋的植物，长期受着压力、地下热力和细菌的作用，原来所含的氧、氮（dàn），以及其他挥发性物质等都慢慢地"跑"掉了，所剩下的大多是"碳"。这一过程，就是人们常说的"炭化作用"，或叫以生物化学作用为主的"菌解作用"。

黑色烟煤

最先形成的物质是泥炭，随着时间的推移，泥炭被埋藏得愈来愈深，继续受压力和温度的作用，碳质的比例继续增高，就逐渐变成褐煤、烟煤和无烟煤。

煤形成以后，在漫长的地质年代中，还继续不断地经受着各种变化，比如地壳的构造运动可以使煤层发生褶皱和断裂，有一些煤层被埋到更深的地方去了，还有一些煤层则埋藏得比

较浅，经风化侵蚀露出地表。于是，就生成深浅不同的各种陆地煤矿。有一些煤层由于海陆变迁，被埋到海底，形成了现今分布在大陆架内的煤矿。

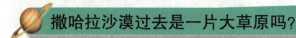

撒哈拉沙漠过去是一片大草原吗？

　　在阿拉伯语里"撒哈拉"是褐色、荒漠的意思，这个词形象而概括地描绘出了撒哈拉大沙漠的凄凉景象。在撒哈拉大沙漠的塔西里高原地区，曾发现过距今3万年到2万年前的冰川期到2000年以前古人留在岩石上的几幅壁画。

　　在一幅大约8000年以前的画上有长颈鹿、鸵鸟、羚羊等草食动物。由此可见，当时的撒哈拉大沙漠曾是一片众多动物赖以生存的绿洲。

　　还有一幅大约距今6000年到4000年的壁画，上面画着一个人放养长着长犄角牛的情景，这又一次证明了撒哈拉大沙漠的确曾是一片可供放牧的大草原。

　　此外，在另一幅距今大约2000年的画上发现了骆驼与人战争的场面。从此以后，由于干旱少雨的热带气候的影响以及人类的破坏，使从前的那块草木繁茂、牛羊成群的绿洲逐渐变成了如今的撒哈拉大沙漠。

地垛——一种较小的平顶山

侵蚀形成的拱门

支柱岩石

新月形沙丘

平顶山

星形沙丘

风向

剑形沙丘

干河谷——水流的渠道　　　　绿洲

沙漠地形示意图

瀑布是怎样形成的？

　　在世界上的名山大川中，瀑布很多，它们沿着各种不同形状的悬崖峭壁奔流倾泻。由于地势起伏不同，水量多少不等，瀑布流泻时呈千姿百态，变幻奇丽，各有各的美景。

我国的瀑布也很多，著名的有贵州白水河上的黄果树瀑布、黑龙江镜泊湖上的吊水楼瀑布等。众多的瀑布装点着祖国的河山，使景色更加壮丽。

世界上的瀑布千姿百态，形形色色，形成的原因也是多种多样的：在同一条河流上，由于构成河床的岩石不同，有硬有软，软的地方容易被冲蚀，硬的地方冲蚀得慢，

瀑布

在软硬岩石交界处，河床高低相差很大，于是就出现了瀑布；再就是，由于地壳运动，地壳断裂引起升降，造成陡岩，河流流经这里即形成瀑布；火山喷发后，火山口积水成湖，湖水从缺口溢出，也会形成瀑布；火山喷出的岩浆，阻塞河道，造成湖泊，湖水壅高泻出，同样会形成瀑布；古代冰川刨蚀成的 U 形谷，石灰岩地区的暗河从山崖间涌出，海浪拍击海岸，迫使河流后退而产生崖壁，这样，也会形成瀑布……

为什么说五大湖是最大的淡水湖群？

在北美大陆的美国和加拿大之间有 5 个大湖，它们像亲兄弟一般手拉手连在一起，构成五大湖区。按面积排列：老大，苏必利尔湖；老二，休伦湖；老三，密歇根湖；老四，伊利湖；最小的弟弟，安大略湖。其中除密歇根湖为美国独

五大湖边的美国芝加哥市

苏必利尔湖

有外，其他都是美国、加拿大两国共有。

五大湖是世界上最大的淡水湖群，因此人们用"淡水的海洋""北美大陆的地中海"来形容它们水量之大。五大湖总面积达24.2万平方千米，约相当于一个英国。湖水平均深度99米，最深处有406米。平均深度超过了波罗的海（55米）和北海（94米）。

五大湖的总蓄水量为24458立方千米，相当于波斯湾水量的2.5倍。老大"苏必利尔"的意思就是"较大的"，它占五大湖总蓄水量的一半以上，最深处达406米，是世界上最大的淡水湖。

五大湖"水平"不一，苏必利尔湖比休伦湖高7米，因此，苏必利尔湖的水通过苏圣马里河滚滚流向休伦湖。而伊利湖的湖面比安大略湖高将近100米，因此，在连接这两个湖的尼亚加拉河上形成了世界著名的瀑布。安大略湖的湖水最后经圣劳伦斯河流入大西洋。

 为什么说死海是没有生命的"大海"？

死海位于亚洲西部巴勒斯坦、约旦、以色列之间，地处南北走向的大裂谷地带中段。

名声颇大的"死海"虽以"海"命名，实际上只是内陆咸水湖。它南北长75千米，东西宽5千米～16千米，湖面面积为1045平方千米，湖面高度低于地中海海面392米，平均深度为146米，最深达395米，是世界上陆地最低处。

死海地区气候酷热（年平均气温25℃），水蒸发量极大（夏天每小时平均蒸发约2.5厘米深的水），造成死海水面上总是弥漫和飘散着一层柔柔的水雾；而死海的海水碧绿，水面平静如镜，沉寂无声，没有一丝波纹，两边的山岩清清楚楚倒映在水中，给海水投上一抹淡红。

死海

躺在死海上读书

死海的水含盐量高达25%～30%，除个别的微生物外，没有任何动植物可以生存。而人也可以轻松自在地漂浮在水面上读书看报。

死海水中矿物质成分占33%之多，尤其是溴（xiù）、镁、钾、碘等含量极高。自古以来，它就具有医疗保健功效。据说公元前51年至公元前30年，埃及女王克娄巴派特拉就曾用死海水疗伤。古希腊哲学家亚里士多德也曾在他的著作中述及过死海水的功用。

死海海面上的空气是地球上最干燥、最纯净的，比一般海面上的含氧量高出10%，加上溴和紫外线形成独特的自然景观和医疗功效，所以吸引了世界各地的无数游客。

为什么说长江是中国第一大河？

长江古称"大江"或"江"，一向以源远流长闻名世界。长江发源于青藏高原唐古拉山主峰各拉丹东的沱沱河。长江自沱沱河发源后，浩瀚的江水从巍峨的雪山中奔腾而出，浩浩荡荡，曲折东流。从沱沱河与另一条河流当曲汇合处到青海省玉树，称通天河。

玉树以下到四川宜宾为金沙江。金沙江流经横断山区，有许多峻险的峡谷地段，两侧雪山、峭壁耸立的"虎跳峡"便是其中之一。金沙江在宜宾与岷（mín）江汇合后始称长江。

宜宾以下，在重庆白帝城和湖北宜昌之间，长江横切巨大的山岭，形成了壮丽的长江三峡。宜昌以上为长江上游。长江的江水自宜昌奔出了山地，开始进入中游平原地区。

长江

长江三峡景观

在中游，长江接纳了鄱阳湖、洞庭湖两大水系，河道迂回曲折，湖泊密布，水量继续增加。为了防止泛滥，筑有荆江分洪水利枢纽。自江西湖口以下，江水便流入下游河道了。长江下游江阔水深，水网密布。它在江苏江阴以下形成了三角洲，最后从上海市注入东海。

长江长达 6300 千米，仅次于非洲的尼罗河和南美洲的亚马逊河，居世界第三位，是中国的第一大河。流域的总面积有一百八十多万平方千米，约占全国总面积的 1/5。长江江阔水深，是我国南方的交通大动脉，素有"黄金水道"之称。

🪐 为什么说亚马逊河是"河流之王"？

发源于秘鲁的安第斯山区、横贯南美洲北部的亚马逊河，全长 6400 千米，仅次于尼罗河，是世界第二长河。

亚马逊河有 1.5 万多条支流，河水流经巴西、哥伦比亚、秘鲁、玻利维亚、厄瓜多尔、委内瑞拉、圭亚那等国的全部或部分领土，组成了一张巨大的河网，罩在南美大陆之上。它的流域面积达 705 万平方千米，居全世界第一位，是尼罗河的 2.5 倍，约占南美洲陆地面积的 40%。

亚马逊河流经的地方大都是赤道雨林带，所以流量特别大，居世界之冠。河口年平均流量为每秒 12 万立方米，到了洪水期，可以达到每秒 20 万立方米以上。每年从马拉若岛附近排入大西洋的水量达 6773 立方千米，占世界所有河流注入海洋总水

亚马逊河流域的雨林景观

量的 18%。在离河口三百多千米远的大西洋上，还可以看到浑浊的河水。亚马逊河还是世界上通航最长的河流。干流自河口至伊基托斯，长 3598 千米，一路均可通行 3000 吨级的海轮。自秘鲁的圣佛西斯科至巴西的贝伦，航程长达 6187 千米。

亚马逊河两岸是一望无际的热带丛林，各种树木交错生长，大大小小的河流成了一条条林中狭道。丛林中动植物种类繁多，仅红木、乌木、缘木等贵重林木就有数百种之多。

这里人口稀少，农业用地很少。船是人们的住宅和活动场地，商店、学校都设在船上，连集会、婚礼和葬礼也都在船上举行。

为什么冰山会对航船造成威胁?

在北极和南极地区海域，经常可以看到巨大的冰山，那么，冰山是怎样形成的呢？

冰山发源于寒冷的南北极地区。南北极地区一年四季冰天雪地，越积越厚的雪被冻成巨大的冰块后，形成冰河。高处的冰河慢慢地向下移动，到达海边后裂成碎块，掉入海中，就成为冰山。冰山的体积大小不等，有宽度达几千米的大冰山，也有数十米宽的小冰山。

冰山的密度是海水的 8/9，也就是说，如果有一座冰山露出海

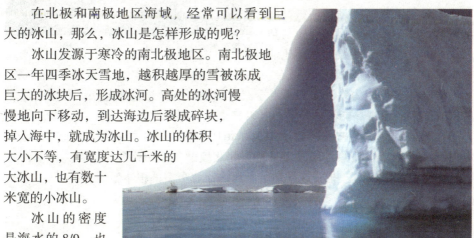

北极冰山

面 100 米，那么它在海面以下的部分就可能有 800 米。冰山的重量相当大，有很多在 2 亿吨以上。由于冰山的 8/9 在海面之下，所以它不随风漂流，而是随波逐流。大多数冰山都流往低纬度的海域，那里的海水比较温暖，冰山便逐渐融化于海水中。巨大的冰山要经过相当长时间的漂流才会融化。未融化的冰山如果漂到航道上，会给航行的船只带来威胁，如果不能及时躲避，就会酿成船毁人亡的事故。

 ## 为什么南极的冰比北极多？

南极和北极终年都是冰天雪地，寒冷异常，到处是白茫茫的一片。南极和北极虽然都很冷，但这两个地方比较起来，南极的冰却要比北极多得多。根据科学家的考察，南极的冰层平均厚度在 1880 米以上，最厚的地方超过 4000 米。而北极的冰层一般只有 2 米 ~ 4 米厚，与南极相比就差多了。

南极与北极同处地球两极，纬度相同，太阳照射时间的长短与角度也相同，为什么南极的冰却比北

冰雪覆盖的北极

极的冰要多呢？这是因为，南极有一块很大的陆地，面积约为 1240 万平方千米。

因陆地储热能力差，无法将夏季获得的热量有效地储藏起来，在接受热能的同时又很快地将热能辐射掉了，所以气温低，因而冰也就多。

而北极地区主要被北冰洋所占据。相比而言，海水能够储存较多的热量，然后再慢慢地把这些热量释放出来，因此北极的气温始终要比南极高得多，北极的冰层也比南极薄一些。这就是南极的冰比北极多的根本原因。

 ## 为什么南极和北极没有地震？

北极雪原

地震是地球上常见的自然灾害之一，全世界一年发生的地震约为 500 万次，其中人能感觉到的约 5 万次左右。

令人不解的是，世界各国的地震仪至今从未测到过南极和北极发生地震。这一问题已引起世界地震

研究专家的密切注意。美国的一些地质学家经过多年的研究，初步找到了南极和北极没有地震的原因。从构成地震的原理来看，地震是由于地球内部存在着巨大的能量，产生巨大的作用力，这些力时刻推动着地壳岩石发生变动。当岩石不能承受强大的作用力时，就会发生突然的破裂，从而引起地壳震动，传到地面上来。南极和北极没有地震，可以认为是由于地面上覆盖着厚厚的冰层，它们无疑会对地层产生巨大的压力。这种巨大的压力正好与地层构造的挤压力相平衡，这样，地层就不会产生倾斜、弯曲，从而减弱或分散了地层的形变，所以不会发生地震。当然，这种平衡是相对的，一旦平衡受到破坏，地球的南极和北极同样会发生地震。

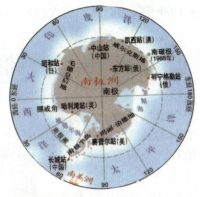

南极地图

 为什么河流能自我净化？

你是否想过，如果没有生物对水源进行净化，江河湖海将是怎样一种情景？有些人认为：所有水污染问题均应由人们专门制造的净化设备来解决。但是，净化设备的数量再多，也无法满足全球江河湖海的需要。

其实，许多天然水源，例如河流或湖泊，它们都是能够进行自身净化的。河水流经城市时往往会被严重污染，然而朝下游走几千米，会看到河水又洁净如初。这要归功于水中的水栖无脊椎动物和微小的水藻，是它们吃掉了污染物质。河道越是蜿（wān）蜒（yán）曲折，河中利于这些动植物生长的地方也就越多。

河流

河底越是不平，悬浊液越能快速沉淀，氧气也越多，自我净化过程进行得也越快。河水的自我净化速度还取决于水温的高低。在每年的寒冷季节，尤其在冬季，生物的活性明显降低，因此河流自我净化的速度就会放慢。

当然，如果排放到河流里的污染物超过了其自

身的净化能力，就需要人们采取清污措施了。

 沙漠可以变成绿洲吗？

沙漠

土地沙漠化一直在威胁着人类的生存。据估计，全世界的沙漠及受沙漠化威胁的土地约占地球陆地面积的30%，世界上1/6的人口居住在这些土地上。而且，全球的沙漠面积还在逐年扩大。治理沙漠，首先要植树造林。但要在一望无际、风沙蔽日的茫茫沙漠里植树造林，难度是相当大的，沙漠性气候往往使人们辛辛苦苦种下的植物枯黄和死亡。

引水灌溉能使沙漠变绿洲。在美国索诺兰沙漠的帝国山谷中，就有一片从沙漠那里夺过来的良田，人们将科罗拉多河水引入山谷，造就了这一奇迹。

现在，科技人员发明了一种用以改造沙漠的"人造树"。人造树的树干能像真树那样吸收水分。白天受阳光照射时水分蒸发，在树的上方形成冷空气团，从而促成降雨。沙漠地区"种植"了这种不会死的"树"后，局部气候得到改善，沿海地区的云层就会逐步深入进来，这时再植树造林，沙漠就能真正绿起来。据估计，用这种方法，经10年左右的时间，沙漠就会变成绿洲。

沼泽是怎样形成的？

你听说过沼泽吗？沼泽究竟是如何形成的呢？

沼泽的形成，有各种各样的原因。沼泽主要是由湖泊演变成的。在气候湿润的地区，河水挟带着泥沙流入湖泊，由于水面突然变宽，水流速度减慢，泥沙在湖边沉积下来，形成浅滩，这样年深日久，就使湖泊变得越来越浅，各种水生植物逐渐繁殖起来，并从四周向湖心发展，湖泊变得越来越小，越来越浅。当湖泊中的沉淀物增大到一定的程度时，原来水面宽广的湖泊就变成浅水汪汪、

沼泽地

水草丛生的沼泽了。

此外，沼泽的形成还有以下几种可能：在低洼平原上的河流沿岸，如果河水浅、流速慢，就可以因为水草不断生长而逐渐形成沼泽；沿海的一些低洼地带，由于反复被海水淹没，海滩上杂草、芦苇丛生，也可能形成盐沼泽；有些高原地区，由于冬季地面积雪，到次年春夏季节冰雪融化，地面积水，短草和苔藓植物杂生，也能够形成沼泽。

 ## 为什么说森林是天然蓄水库？

森林虽然没有一般水库那样看得见的水面，但它却和水库一样具有巨大的蓄水功能，能够调节水分，蓄水保土。

根据测定，当雨水落到森林上面时，林冠就将雨水截留了 15% ～ 40%，针叶截留少，阔叶截留多。余下的雨水，除 5% ～ 10% 从林地表面蒸发以外，50% ～ 80% 都被林地上的腐烂枯枝落叶所吸收。这些水分渗入土壤中，少部分供给林木生长的需要，大部分渗透到土壤下层，变成了地下水。这种地下水经过土壤的层层过滤后，又迂回曲折地变成清水流向下坡或流出地面。据统计，从林地表面流走的雨

天然蓄水库——森林

水，大约只占总降雨量的 1%，这说明，森林的蓄水功能是无与伦比的。

相反，如果山上或坡地没有足够的林木覆盖，情况就截然不同了。大雨一来，直接打到裸露的土地上，泥沙被水冲走，就会形成严重的水土流失。所以，我们要大力提倡植树造林。

 火山爆发会造就宝藏吗？

　　一提起火山爆发，大家可能都会觉得可怕。的确，火山爆发会给人类带来灾难，不过，火山爆发也不是有百害而无一利，它有时能为人类提供珍贵的稀有金属矿藏。

　　地壳深处的矿物资源通过火山喷发而发掘出来的情况屡有所见。1993 年夏天，

火山喷发引起的森林大火

俄罗斯科学院派出一支地质勘探队前往堪察加半岛附近的库德里亚维火山进行例行的火山考察活动。几名科学家登上火山后，在火山口内无意中踩到一堆松软的灰白色火山灰，这些火山灰看上去与其他火山灰并无不同。一位细心的科学家突然想起要取一点样品，他拿出试管在刚踩过的那堆火山灰中取了样，然后顺手装进地质包中。半个月后公布的火山灰化验结果令人震惊：原来，当初他们踩着的那堆火山灰竟是纯净的硫化铼（lái），只要稍加提炼即可得到贵重的金属铼，而铼这种金属是很难得的。

　　此外，火山喷发后的大量火山灰还是一种特殊的肥料，其中含有多种对植物生长有利的成分。

 地震为什么总在夜里发生？

　　地震是一种十分严重的自然灾害，给人类造成了巨大的损失。通过对地震发生时间的统计，我们就会发现，为人类带来灾难的地震，大多是在夜间发生的。为什么地震往往发生在夜间呢？

　　原来，这一现象和月球有关。大家知道，月球的引力可引起海洋潮汐。其实，这种潮汐现象并不仅限于海水，现代科学家用精密仪器观测发现，在月球

的引力作用下，地壳会有 0.5 米左右的振幅。地震虽然是地球内部运动的反映，但当它蓄势待发时，月球引力所带来的固体潮便起到了推波助澜的作用，使日积月累的地震能量一下子迸发出来。

知道了这个道理后，我们就可以得出进一步的结论，地震不仅多发生在半夜，而且还常常发生在农历初一、十五月相为朔望的时候。这是因为，在朔望前后，月球对潮汐的引力会达到较大值。

🪐 土壤为什么会有不同颜色？

我国幅员辽阔，如果你留心的话，就会发现，各地的土壤颜色是各不相同的。比如，黑龙江的土壤是黑色的，江西的土壤是红色的，等等。土壤为什么会有不同的颜色呢？

白雪覆盖的珠穆朗玛峰

土壤的不同颜色是由自然条件决定的，不同的地质、气候等因素造成了土壤颜色的不同。

例如：青土和白土是由于岩石本身仅含有单一颜色或相同色彩的矿物，因此风化后形成了白土和青土；热带和亚热带多红土，是因为那里的气候高温多雨，地表风化和成土作用十分活跃，土壤遭雨水的分解和淋溶，使其中的二氧化硅等物质被流失，而流动性很小的氧化铁和氧化铝在土层中富集起来，氧化铁呈红色，因此土壤也成为红色；我国北方地处温带，风化作用较弱，钙与植物分解产生的碳酸结合在土壤中形成碳酸钙聚积层，分别呈现栗色或棕色；东北地区由于森林覆盖率较高，落叶、朽木等每年给土壤提供大量的有机物质，有机物质不断腐蚀积累，就形成了肥沃的黑钙土。

🛸 世界的冷热两极在哪里？

世界上最低气温出现在冰雪覆盖的南极大陆上的俄罗斯东方站，测到的绝对最低温度为零下 89.2℃，那里被称作"世界寒极"。南极大陆终年被冰雪覆盖，

而且没有植被，加上气候十分恶劣，所以那里最冷是没有什么可奇怪的。

那么，地球上最热的地方是哪里呢？根据气象资料记载，世界上的最高温出现在非洲索马里。当时在夏天的室外阴影处测得的温度高达63℃，堪称是地球的"热极"。墨西哥的圣路易斯曾测得的一次最高温是57.8℃，也被称作"热极"。

墨西哥沙漠景观

这些地区为什么会这么热呢？原来，它们终年在高压控制下，空气做下沉运动，少云干旱。同时，这里的风是从干旱地区吹来的，加剧了干燥气氛。在灼热的阳光下，大地一片荒芜。此外，这里地势较低，空气不易散去，也会使气温升得很高。

地球的圈层结构是怎样的？

地球的表面向内依次分为地壳（qiào）、地幔（màn）、地核。地球内部构造恰似一个桃子，外表的地壳是岩石层，相当于桃子皮，人类以及生物都生活在这里；地幔相当于桃子的果肉部分，是灼热的可塑性固体；地核相当于桃核，由铁、镍（niè）等金属物质或岩石构成，地核的外侧是液体，而内核具有固体的性质。

地壳分为上下两部分，各部分的物质结构不同。地壳平均厚度约33千米，其体积占地球总体积的0.5%，是一种固态土层和岩石，称为岩石圈层。岩石圈层蕴藏着极丰富的矿藏资源，已探明的矿物质达两千多种。

地幔分为上地幔层和下地幔层。地幔厚度从地面33千米～2900千米，占地球总体积的83.3%，温度高达1000℃～2000℃，内部压力9000～382000个标准大气压。上地幔层呈半熔融岩浆状态，下地幔层呈固体状态。地壳和地幔主要由硅酸盐岩石物质组成。

地核又分为外核和内核。外核厚度在

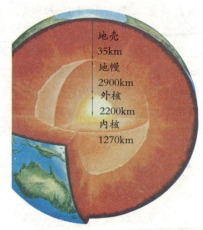

地壳	35km
地幔	2900km
外核	2200km
内核	1270km

地球的内部结构

2900 千米～5149 千米之间，呈液态；再往下便是呈固态的内核。地核温度为5000℃左右，压力达 350 万个标准大气压以上。

 ## 你知道黄山"四绝"吗？

举世闻名的风景胜地黄山，以奇松、怪石、云海和温泉最引人入胜，堪称"四绝"。

黄山松，刚毅挺拔，苍劲有力，千姿百态；黄山怪石，星罗棋布，形态各异；黄山云海，茫茫一片，时而似万马奔腾，时而风平浪静，令人捉摸不透；黄山温泉更是人们赞美的"主角"，传说古代的轩辕黄帝曾到黄山温泉沐浴，结果白发变黑，返老还童。

黄山为什么会形成"四绝"呢？那是因为黄山的松树为适应悬崖峭壁的自然环境，它的根能穿透石层或沿石缝生长，树干、树冠为争夺空间，形成独特的形态美。黄山的

黄山飞来石

石，是因为黄山曾是一片汪洋，后因地壳运动，地下岩浆喷出才形成山体。经若干年地壳不断上升，山体露出地面，并发生过断裂和陷落，再经千百万年风吹雨淋，日晒冰冻，终于变成如今的怪石林立、岩壁峭拔的奇峰怪石。再说黄山的云雾，则是由于黄山地区林密、谷深，许多地方阳光照不到，水分不易蒸发，所以湿度大、水汽多，因而多云雾。黄山的泉，是因为它位于紫云峰下，出水量大，每小时约 48 吨，而且经久不减。其水质以含重碳酸为主，常年水温42℃，不仅可以饮用、沐浴，还具有一定的医疗作用。

 ## 你知道美洲最干、最热的地方在哪里吗？

死谷是一条贯穿美国加利福尼亚州东南部的深沙漠槽沟。它是北美洲最热且最干旱的地方。它的最低点在海平面下 82 米，是全美洲最低的地区。

死谷长 225 千米，宽 8 千米～24 千米，本身有 100 万年的历史。约在 5 万年前，曼利湖的大量湖水充满了该谷地，稍近一些，约在 5000 年至 2000 年以前，这里还有一个浅湖。

当湖水蒸发完，在该湖最低处留下了一层盐，形成了我们如今所看到的盐盆。现在当水往谷里流时，水便蒸发掉，再没有水淌出来。

在 20 世纪中的 50 年内，一年的最大雨量是 114.3 毫米，有两年测不到降雨量。谷地的形状使这里成为世界

死谷

上最热的地方之一。1913 年这里记录到的气温达 57℃。夏季时，温度计的读数往往超过 40℃。除了怪石绝壁，这里几乎没有植物生长，孤身进去的人，很少能活着出来。

但死谷的景色不错，其岩石中的矿物质在阳光下像彩虹一般闪烁。

"东非大裂谷"是怎样形成的？

东非大裂谷图

在非洲大陆的东部，绵延着一条南北延伸的巨大峡谷，这就是世界上最长最著名的东非大裂谷，被称为"地球的伤疤"。东非大裂谷北起死海，经埃塞俄比亚高原，南到赞比西河口，全长六千多千米，宽约 50 千米～80 千米。在最底部有一条宽带状的低地，夹在两边峭壁陡（dǒu）立的高原之间。

大裂谷一带的自然景观是非常绚丽多彩的，那里大大小小的湖泊就好像地面上的一长串珍珠，它们都有一个共同的特点：形状狭长，岸陡水深。其中著名的有坦噶尼喀湖、马拉维湖、大巴列湖等。

地质学家认为，东非大裂谷是由于地壳巨大的断裂作用形成的，而且还在不断地扩张。据美国"双子星"宇宙飞船长期观测发现，东非大裂谷北面的红海每年扩张 2 厘米，北非大裂谷每年加宽几厘米。有关人士曾预测，按照这种速度扩张下去，在 2 亿

年后，裂谷间将会形成一个新的海洋。

大海是怎样形成的？

大海占整个地球表面积的71%，比起陆地来，要大好几倍。那么，海洋究竟是怎样形成的呢？

在地球最初诞生时，构成地球的各种物质中含有大量的水分和气体，它们与岩石松散地结合在一起。由于地球重力的作用，岩石越来越紧密地重叠靠拢，彼此间相互挤压，从而把岩石中的水汽赶出来，久而久之，在地下被挤压出的水汽越积越多，它们不断聚集会合，终于使新生的地球发生了许多大规模的地震，引起猛烈的火山爆发，这时，在地下被挤压出的大量水汽终于摆脱岩石的束缚，随着地震及火山爆发从地壳中喷泻出来。当这些水汽进入空气时，渐渐遇冷凝结，先变成云，再变成雨，落到地面。由于岩石中的水汽不断地被挤压出来，不断地通过火山、地震进入空中，所以大雨也就不停地下，汇集到原始的洼地中去，从而形成最早的江河湖泊。江河川流不息地汇聚到一起，最终形成了地球上的汪洋大海。

赤潮产生的原因是什么？

赤潮因为使海洋表面变成红色而得名，它对于海洋生物的危害是巨大的。那么，是什么原因产生了赤潮呢？

我们知道，城市中含有有机物的废水和污水，加上农田的化肥等，经过雨水的冲刷，源源不断地流入到大海和内海中，这些水中含有大量的氮、磷等营养物质，还有许多的碳，如果适量，有时会给海洋渔业带来好处。但这些营养物太多了，就会出现海洋中浮游生物大量繁殖的现象，这些物质消耗了海水中

溶解的氧气，使鱼类很难呼吸到氧气。赤潮是鱼类的大敌，哪里出现了赤潮，哪里的鱼就会大量的死亡。

近年来，赤潮现象在世界各国海域频繁发生，造成的损失是不可估量的。我国近几年沿海地区也出现了赤潮现象。为了减少赤潮的发生，必须减少排入近海的有机物，保护海洋的生态环境。

 ## 海啸是如何形成的?

海洋从来没有平静的时候，有时，大海会在没有风的情况下掀起排排巨浪，恶狠狠地朝着海岸扑去。这种现象被称为"海啸"。

海啸具有相当大的破坏力。1896 年 6 月 15 日，日本三陆近海发生强烈地震，引起了巨大的海啸，海浪最高时竟达 30.5 米。在这次海啸中，一万多幢房屋被夷为平地，两万多人失去了生命。

那么，为什么会发生海啸呢? 产生海啸的主要原因有地震、火山爆发、飓（jù）风等。地震的冲击波不仅影响陆地，也波及海底。一次大地震可以使海底地壳发生断裂和沉降，产生巨大的海浪。海浪到达岸边或港湾，使水位暴涨，冲向陆地，于是就会形成海啸；海底火山爆发也会引起海啸；风也会引起海啸，当强大的台风

卷过海面时，会使岸边水位暴涨，波涛汹涌，海水甚至冲上海岸，形成海啸。

 ## 海水为什么不会溢出来？

如果你不停地向一个盆里注水，过不了多久，水就会满了，并且会溢出来。于是，有人就会问：陆地上条条江河里的水，昼夜不停地奔流着，这些水绝大部分注入了大海，可是海洋为什么从来都不会因水满而溢出呢？

原来，在海洋和陆地之间存在着一个水的循环。海洋里的水在不断地蒸发，每年大约有 448000 立方千米的海水被蒸发到空中，这些升到空中的水汽，大部分就在海洋上空凝结成云，又以降雨的方式落入海洋，这部分水大约有 412000 立方千米。另外 36000 立方千米的水以水汽的形式来到了陆地上空，这些水汽在陆地上空游荡，在适当条件下变成雨滴、雪片或冰雹，降落到地面上。这些水到了地面上之后，大部分汇入江河，又流回海洋。就这样，水的循环一刻不停地在海洋和陆地之间进行着，所以，雨是下不完的，海洋也不会被灌满而涌上陆地。

 ## 为什么海平面有高有低？

海水是液体，在重力作用下，由高处向低处流，构成一个大洋的平面，即海平面。按理说，风平则浪静，海水应该在一个水平面上，但事实上，各大洋的水面是高低不平的。例如，在印度洋斯里兰卡附近的洋面要比其他大洋的洋面高出 100 米，大西洋冰岛附近的洋面则比其他大洋的洋面低 65 米。那么，为什么海平面会有高低呢？

我们知道，地球的表面是凹凸不平的，地球各处的地心引力也是各不相同的。如果我们称量一个物体，在不同

的地点称量会得到不同的重量，在低纬度称量的物体要比在高纬度称量的物体轻一些。同样道理，海洋底部的引力也是各不相同的。斯里兰卡附近海底地壳厚，所含物质多，其引力相对较大，吸引海水就多，使海面比其他海面高出一个"水峰"；冰岛附近的海底地壳较薄，引力自然也小，吸引海水的量也减少，于是形成了一个比四周大洋水面低的"水谷"。

为什么海洋中没有两栖动物？

青蛙、蟾蜍、娃娃鱼等都是两栖动物，两栖动物能生活在江河湖边，生活在溪水池塘之中。全世界的两栖动物大约有3000种，分布也比较广。不过令人奇怪的是，海洋中却从来见不到两栖动物的踪迹。这究竟是什么原因呢？

我们知道，海水是咸的，含有大量的盐分，而现代两栖动物的皮肤是裸露的，体内细胞与外部环境容易直接

海豚

接触。两栖动物体内的液体和血液里的盐分，比起海水里所含盐的浓度要低得多，如果两栖动物一旦进入高浓度的海水里，体内的水分就会大量朝外渗出，导致失水过多而死亡。科学家们在研究中发现，一般在含有10‰盐分的水域里，两栖动物就无法长期生存；在含盐浓度超过10‰的水域中，两栖动物很快就会死去。现在的海水含盐浓度一般都达到20‰以上，有的甚至高达42‰，因此，绝大多数两栖动物是不能栖居于海洋中的。

海水为什么不容易结冰？

冬天，如果你来到河边就会发现，河水早已冻上了厚厚的冰，海水却依然波涛滚滚。海水为什么不容易结冰呢？

你可以做一个小实验：在严冬，把一碗清水和一碗浓盐水同时放在院子里，过一段时间，清水冻成了冰块，浓盐水却没有结冰。原来,盐水的结冰点低，在0℃的时候不会结冰，越浓的盐水冰点越低，有的海水在零下20℃还不会结冰呢！

海水、腌菜的卤水里都含有大量的盐，所以不容易结冰，只有在气温很低的时候，海边上才偶尔会见到海水结的冰。

你也许会说，南极附近的海面上有冰山，北冰洋和北极更是冰天雪地，一定是因为那里特别冷，海水才结了冰。

其实，在地球两极地区及附近海上漂浮的冰山，并不是海水冻成的。在格陵兰岛和南极洲上有大片的冰原，大块的冰断裂以后漂移到海洋里，就成了冰山。这些冰山往往高出海面 60 米 ~ 90 米，长可达几百米，有的甚至有好几千米长，这些冰都是淡水结成的。如果你把冻成的小冰块放到盐水里，那就成了冰山的小模型啦。

 为什么说西沙群岛是珊瑚堆起的？

西沙群岛真的是用珍贵的珊瑚堆起来的吗？是的，西沙群岛的大部分岛屿的确是珊瑚堆积起来的。可是，岛上的珊瑚长期遭到风风雨雨的破坏，已失去它的本来面目，只剩下些残片、渣粒了。人们要想得到珊瑚，就得到岛屿的周围和附近的海底去采集。西沙群岛附近的海底，简直就是珊瑚的世界！

西沙金银岛

珊瑚是一种小动物，它的个体很小，成群地"定居"在岛屿周围及浅海的岩石上。它们用自己分泌的石灰质为自己营造小房子。珊瑚虫死了，它们的骨骼也是石灰质的，这些尸体黏结在一起，使珊瑚礁变得更加结实。下一代幼小的珊

瑚虫在上面继续营造小房子，一代又一代，珊瑚礁越长越大。但是，无论珊瑚礁长多么大，也不能长出海面，因为它们是海生动物，离开海水就活不成。那么怎么会形成岛屿呢？那是因为地壳发生变化，珊瑚礁被抬出海面，于是形成了岛屿，它们成群地分布在大海、大洋中。

海洋里有很多珊瑚礁形成的岛屿，可见小小的珊瑚虫能耐可不小！但这种小动物也有三怕：怕冷、怕暗、怕水浑。因此，珊瑚虫对生活环境的要求很高：水温在25℃～30℃之间，深度不能超过60米，海水又要比较清澈，而我国的南海正好具备了这些条件，所以在那里形成了美丽的西沙群岛。

"厄尔尼诺"是怎么回事?

"厄尔尼诺"是一股很强的暖洋流，属于海洋与大气系统的重要现象之一。它的出现，会给全球带来灾害性天气。

"厄尔尼诺"一词源于西班牙语，是"圣婴"的意思，因为这种现象一般出现在12月圣诞节前后，因此得名。相传，很久以前，居住在南美洲西海岸秘鲁和厄瓜多尔以西海岸一带的古印第安人很注意海洋与天气的关系，他们发现，有些年12月25日圣诞节前后，附近的海水温度比周围海域高很多，之后不久，便会天降大雨，并伴有海鸟结队迁徙等怪现象发生。古印第安人理解不了这种自然现象，因其常出现在圣诞节前后，于是把它叫做"圣婴"。

科学家们经过研究认为，"厄尔尼诺"之所以会造成全球气候异常，是因

厄尔尼诺引起的森林大火

为就整个全球大气环流来说，其总的热源是赤道带，因为这里每年接受的太阳辐射要比极地高 1.4 倍，这样就造成了以赤道为"动力"的全球大气环流运动，在这个运动过程中会在不同地区内形成暑、寒、温、风、雨、雪等各种不同天气，这就形成了全球各地相对稳定的各种气候带，而"厄尔尼诺"的出现恰恰会不同程度地影响这种稳定。这股暖气流较强时，能沿南纬 15° 流动上万千米，促使全球大气环流节奏加快，使全球相对稳定的气候变得异常。

 ## 大气是由什么组成的?

大气是由一层很厚的无色、无味的气体组成的，既看不见，又摸不着，它的组成是非常复杂的。

大气并不是一种单纯的气体，而是由很多种气体混合组成的。其中，一种是看不见的空气，一种是很活跃的水汽，另外还有混合在它们中间的灰尘杂质。

大气云图

空气是组成大气的主要成分，它是由氮、氧、氩和二氧化碳等气体混合组成的，其中氮和氧加在一起，就相当于整个大气的 99% 以上。人们的呼吸、植物制造营养物质都需要它，可是它在气象上的作用并不十分显著。水汽在大气中变化性最大，随着大气冷热的变化，它可以变成水滴，也可以变成冰滴，有时可以增加到很多，我们用肉眼就可以看到它，有时可以减少到很少，甚至一点都没有。云和雨就是水汽增加到一定程度时凝结而成的。灰尘杂质种类很多，有的是从烟囱里冒出来的烟粒，有的是由海水浪花卷入高空经过蒸发（水变成水汽的过程叫蒸发）剩下来的固体，也有的是从道路上或庭院内飞起的尘土。

对于空中的灰尘，人们总是讨厌它，但是它在大气的变化过程中却起着很大的作用。如果没有这些小东西，水汽没有凝结的核心，就不会结成水滴，天空就不会产生云、雨。所以，灰尘杂质在大气变化过程中的重要性并不低于其他成分。但是，大气中的灰尘杂质过多，也会对环境造成污染，这是需要防止的。

你知道千变万化的云吗？

天空中的云彩绚丽多姿，千变万化。地面上的积水慢慢不见了，晾着的湿衣服不久就干了，水到哪里去了？原来，它们受太阳辐射后变成水汽蒸发到空气中去了。到了高空，遇到冷空气便凝聚成了小水滴，然后又与大气中的尘埃、盐粒等聚集在一起，形成千姿百态的云。据估计，每年从海洋、陆地蒸发到大气中去的水汽，约有 4.5 万亿吨之多。组成云的小水滴很小，一般直径只有 0.01 毫米 ~ 0.02 毫米，最大的也只有 0.2 毫米。由于它们又小又轻，下降的速度很慢，在降落过程中，随时又会被上升的气流抬起，或者在降到地面前就被蒸发掉了，所以，它们便成片地飘浮在空中。我们平时看到的云有各种色彩，有的洁白，有的透明，有的乌黑，有的呈铅灰，还有的呈红色和黄色。其实，天上的云本来都是白色的，只是因为云层的厚度不同，以及云层受阳光的照射而显出不同的颜色。

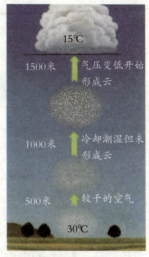

云的形成示意图

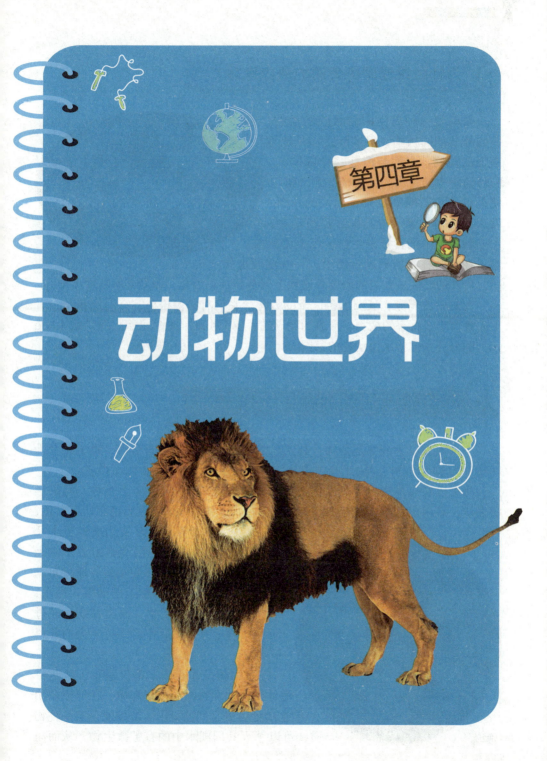

第四章

动物世界

 为什么说珊瑚是美丽的海中森林？

珊瑚是一种海生圆筒状腔肠动物，它们的外观如同植物，但实际上却是地地道道的动物，它们与海葵一样都属于腔肠动物中的花虫类。其枝上的"花"便是由无数的珊瑚虫聚集而成的。珊瑚虫是一种水螅（xī）状的腔肠动物，它们利用触手捕食浮游生物，每个珊瑚虫栖居在一个杯状的珊瑚骨骼中。一些珊瑚虫死

珊瑚

后，另外的珊瑚虫在老的珊瑚骨骼顶上营造新杯。因此，珊瑚会不断增大增高。

大海中的珊瑚，五颜六色，千变万化。它们有的像松树，有的像花朵，看上去真像千姿百态的植物。形成的珊瑚礁就成为小虾、海葵、海星、海蛞蝓（kuò yú）和海环虫这些水生动物的家园。

 海绵是动物还是植物？

不少人误以为海绵是植物，其实，它是一种非常原始的动物，属于无脊椎动物中的多孔动物门。由于身体柔软如绵，又多生活在海里，因而得名。

海绵已在海洋里生活了长达2亿年的时间。其种类多达1万多种。海绵形状多样，有扇形、球形、灯笼形、管状、瓶状、杯状等；其色彩艳丽，有白色、红色、黄色、橘红、银灰等；体形从几毫米至十几米大小不等；全身由内外两层细胞组成；体表有多达4000亿个小孔与体腔相通。通过布满全身的小孔内所生长的鞭毛摆动吸入海水，海水中的氧气、有机物、藻类等物质经过海绵体内过滤，而后作为维持生命的养料被吸收。

海绵的分布很广，不仅遍布于从热带海洋到极地北冰洋的广阔海域，在河流湖泊中也随处可见它们的身影。海绵能分泌一种物质，可以杀灭其周围水中的有害微生物，从而净

海绵

化水质。它们体内所含的天然抗生素还能消灭结核杆菌，治疗风湿和神经系统
的疾病呢。

为什么海星有"分身"的本领？

海星虽然生活在海洋中，但它不会游泳，它依靠腕在岩石、海底或海床上爬行。海星大约有6000多个品种，大多色泽鲜艳。不同颜色的海星伏在海底，看上去格外漂亮。

美丽的海星

海星是个奇妙的动物，嘴长在身体的底面，正好在腕的正中央，肛门却在身体背面。它吃东西的样子非常奇特，胃能从身体里翻出来，把贝肉裹住，然后分泌消化液进行消化，等到把消化的贝肉吞下去，胃再缩回体内，这种用胃取食的方式在动物界是绝无仅有的。

海星还具有高超的"分身"本领。它可以用腕代替脚来行走，还能在危险时割体逃生，一段时间后，缺损的腕会重新长出来。

乌贼为什么会喷墨？

乌贼是海中软体动物的一种，它不仅能像鱼一样在海中快速游泳，还有一套施放"墨汁"的绝技。乌贼体内有一个墨囊（náng），囊内储藏着能分泌天然墨汁的墨腺。在危急时，墨囊收缩，射出墨汁，霎时海水中"黑雾"滚滚，一片漆黑，而乌贼自己则趁机逃之夭夭。它还能利用墨汁中的毒素麻醉小动物，所以又叫墨鱼。

在软体动物中，乌贼堪称强兵悍将。它的身体像个橡皮袋子，内部器官包裹在袋内。在身体的两侧边缘有肉鳍（qí），用来游泳和保持身体平衡。头较短，

乌贼

两侧有发达的眼。头顶长口,口腔内有角质颚,能撕咬食物。乌贼的足生在头顶,所以又称头足类鱼。头顶的 10 条足中有 8 条较短,内侧密生吸盘,称为腕;另有两条较长、活动自如的足,称为触腕,只有前端内侧有吸盘。腕和触腕是乌贼捕食和作战的武器,不仅弱小的生命很容易丧生于乌贼的腕下,即便是海中的庞然大物——鲸,遇到身体长达 10 余米的大乌贼也难以对付。

你见过可怕的大章鱼吗?

章鱼有个圆球形的身体,它的嘴巴就位于身体前端,8 只有吸盘的手臂围在嘴的四周;嘴巴内有一对强有力的角质颚,可将猎物的身体咬碎,即使它们有像螃蟹那么硬的壳保护也无法幸免。

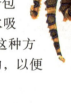

蓝环章鱼

章鱼的身体下方有一个吸管,连接到一个包含有鳃(sāi)的外套膜腔。章鱼就靠着将海水吸进外套膜腔后再喷出的方式来呼吸。此外,这种方式还可使它获得一种作用力来使身体往后移动,以便捕捉食物、逃避敌人或者到处旅行。

为什么说鱼是两栖动物的祖先?

在一般人看来,两栖动物和鱼类毫不相关。但科学家经过研究发现,这两类动物之间存在着亲缘关系,已经发掘出的动物化石表明,两栖动物是由古代的总鳍鱼进化而来的。也就是说,鱼是两栖动物的祖先。

那么,鱼类是如何进化到两栖类动物的呢? 大约在 4 亿年前的泥盆纪,地球上的淡水湖泊和沼泽里生活着数量很多的总鳍鱼。这种鱼的身体呈纺锤形,游动速度很快,是一种肉食性的鱼。到了泥盆纪末期,地球上出现了真正的陆生植物,这些陆生植物大量发展,生长茂盛,大批枯叶凋落在水中,致使水质变坏,氧气含量减少。由于水中氧气不足,一些总鳍鱼因不能适应窒息而死。有些总鳍鱼却利

美丽的鱼儿

用胸鳍和腹鳍把身体支撑起来，或攀附在水中的腐叶上，或爬到河边的树根上，有的甚至爬上河岸呼吸空气，借以生存。

经过漫长的进化，古代总鳍鱼就逐渐演变成了古代两栖动物，成为两栖动物的祖先。

有些鱼为什么有触须？

不少鱼的嘴边都长着胡须样的东西，人们把它叫做触须。触须长、短、扁、圆等形态不一，数目也不尽相同。那么，鱼类的触须有什么妙用呢？

原来，鱼类的触须既不是它们年龄的标志，也不是性别的特征。因为长触须的鱼类不分雌雄，也不分老幼。触须实际上是鱼类的触觉器官，它具有

有些鱼也有触须

重要的触觉功能。触须的作用和猫的胡须很像，是鱼测量自己必经之路的尺子。触须很敏锐，不管在水里碰到什么东西，它都会立刻做出反应。无论是在漆黑一片的深海底，还是在浑浊的泥水里，只要有触须探路，鱼儿都能找到正确的路径。

长触须的鱼多数是视力不太好的底层鱼类，它们就是依靠触须在水底寻找并选择食物的。深海鱼类的触须有的顶端还可以发光，这些能发光的触须不仅能起到触角的作用，而且可以起到照明的作用。

电鳗为什么能放电？

在亚马逊河的沼泽地带，生活着一种会放电的鱼，它对其他的鱼类以及人畜都有很大的威胁，它就是被称为"水中电老虎"的电鳗。

电鳗看上去像普通的鳗鱼，但它的体内组织很特别，这种长约2米、重约20千克的淡水鱼，全身4/5的组织都是由肌肉组成的"发电器"，其中有些发

电鳗

器官很像活的伏特电源，是由多达 8000 枚肌肉组织薄片组成的，各有不同的电荷。当电鳗的头和尾受到其他物体的刺激时，即可发出强有力的电流。电鳗常常能放出三四百伏的电压，有时甚至还能放出高达七八百伏的电压。

电鳗放电时能轻而易举地击死比它小的动物，也能击昏甚至击死像牛和马那么大的哺乳动物。电鳗肉味鲜美，营养十分丰富。

电鳗

巴西人为捕获电鳗，常常引诱电鳗将大量的电流消耗掉，然后再将电鳗捉上岸，变成餐桌上的美味。

 为什么鱼儿能在水里游？

当你看着鱼缸中五彩缤纷的金鱼游来游去时，可能会产生这样的疑问，鱼儿为什么能在水里游呢？

我们知道，动物离不开氧气，鱼类生活在水下，没法像人一样呼吸空气中的氧气，那么它们所需的氧是从哪里来的呢？原来，鱼类有自己的特殊呼吸器官——鳃。鳃可以帮助鱼类吸收溶解在水中的氧，所以鱼类不用像人一样，在水下待一会儿就要出来透透气。这是鱼类能在水里游的前提。

至于鱼类能够游得又快又好，那就另有原因了。鱼类的主要"游泳工具"是鳍，鳍是鱼类长期在水中生活而进化成的完美的游泳工具，鱼身上一般都长有尾鳍、背鳍、胸鳍、腹鳍，其中背鳍是专门用来掌握平衡的，其他鱼鳍则用来划水和掌握方向，鱼游动的时候，就像人们划船时使用舵和桨一样，非常协调地运用各部分鱼鳍，简直比人们走路还轻松。

另外，鱼的体型多数是两头尖，中间宽，能够有效减少水的阻力，游起来既快又轻松。

为什么鱼的身体上有侧线？

大多数鱼的身体两侧都各有一条侧线，侧线对鱼类生活的作用很大。侧线对水振动的感觉十分灵敏，能帮助鱼感觉到周围的情况。当周围有其他鱼游过来或者遇到障碍物的时候，鱼身体周围的水会产生振动，侧线不但能感觉水流很微小的振动，而且能感觉到周围的声音，因为声音也会使水产生振动。

鱼的侧线是它的感觉神经。

此外，海洋深处很黑暗，眼睛无法发挥作用，还有些鱼的眼睛功能已经退化，鱼只能靠侧线了解周围的情况。有了侧线的帮助，鱼就可以在乱石丛中随意游动了。

侧线之所以有这样的功能，与侧线有完整的神经组织有关。在鱼体外表的侧线是些小孔，这些小孔接通皮下侧线管，管壁上分布有许多感觉细胞，靠感觉细胞上的神经末梢通过侧线神经而直达脑部，形成了一个统一的神经网，使鱼脑能及时地感觉到水的波动，并做出迅速的反应。

鱼身上的黏液有什么用？

生活在水中的鱼类，有些鳞片已经退化，由皮肤直接与外界接触。在它们的皮肤上有一种黏液腺，黏液腺里的细胞能分泌大量的黏液，黏液布满鱼的全身，形成了一个黏液层，使它们的皮肤十分光滑。

你知道鱼身上的黏液有什么用途吗？ 黏液的作用可大啦！它可以对鱼的身体起到保护作用，防止细菌、霉菌、寄生虫和其他微小生物的侵蚀，防止有害物质进入体内，以保证鱼的正常生存。

黏液对某些鱼来说还是逃命的法宝。比如鲶鱼的身体表面就有一层黏

鱼身上的黏液，可以帮助它游得更快。

液，使敌人很难捉到它。泥鳅也是依靠黏液才能够在泥水中通行无阻。

黏液还可以帮助鱼类繁殖。在生殖季节，有的雄鱼用黏液黏住一些植物形成鱼巢；有的雄鱼将吹出的气泡黏附在黏液上形成泡沫块，为的是使雌鱼易于产卵。

 你知道海马的眼睛长在哪儿吗？

海马的眼睛生长在一个骨质的塔形结构上，每个小塔形都可以转向不同的方向，所以海马经常给两只眼睛不同的任务。它们常常会用一只眼睛搜索食物，而另一只眼睛却在机警地环顾四周，随时观察有没有敌人在伺机捕获它们。

海马很聪明，知道如何躲避敌人的追杀。它们经常会将细长而弯曲的尾巴卷在一些海底的水藻、海草或者珊瑚上，保持一动不动的姿态，伪装起来，而它们的颜色和形态也提供了伪装的条件。

 海马为什么直立着游泳？

海马是一种引人注目的动物，它的模样十分特别，这种拇指大小的鱼，却有一个大大的马脑袋似的头，并且总是高高地昂起。有些人以为海马不是鱼，其实，海马的确属于鱼类，只是长相不同于其他鱼类罢了。

你知道吗？海马是整个鱼类中唯一只能立着游泳的，这也是一个"世界之最"。平时，海马吃最小的甲壳动物和在水里游动的小动物。由于海马的游泳速度不快，又没有什么防御能力，所以在残酷的生存环境里只好尽量伪装自己，以免受到天敌的袭击。它常常用那蜷曲成螺形的细长尾巴把自己缠绕在海藻或岩石上，它那古怪的皮肤使它在敌人眼中就像一堆海藻或一块岩石。

不过，海马也有自己的天敌，不管它

海马习惯于直立着游泳

如何伪装自己，都逃不过龙虾的手心。因为龙虾在觅食时，不管是什么，都会拿起来放进嘴里尝一尝，这样海马也就成了龙虾的美餐了。

射水鱼为什么会射水？

在东南亚和澳大利亚的小河里，生长着一种色彩艳丽、可以捕食岸边草木上小虫的小鱼，人们叫它射水鱼。这种鱼身长只有10厘米～20厘米，头的两侧长着一对凸出的大眼睛，眼睛白色，身上长有一条条不断转动的竖纹，游动起来很灵活自由。

射水鱼在水面游动时，不仅能看到水里的东西，而且能觉察到空中的物体。它经常在岸边游动，只要一发觉小昆虫停在岸旁的草木上，便偷偷地游近目标，从水里探出头，让嘴尖对准小虫，从口唇上的小槽里喷射出一束细水柱，可将"猎弹"弹到3米高，偶尔可达4.5米。它能在1.5米以内用这种"水枪"击落任何小昆虫，而且是百发百中、"弹无虚发"。射水鱼就是靠这种射击本领猎取食物，堪称鱼类中的"神枪手"。

世界上有会爬树的鱼吗？

鱼儿也会爬树，说起来也许你不信，然而世界上的确有会爬树的鱼。

在我国沿海和西非及太平洋的热带海岸边，就生活着一种会爬树的怪鱼——弹涂鱼。这种鱼长着两只突出的眼睛，一只专管觅食，另一只专管监视敌情。它的胸鳍非常发达，胸鳍里面的肌肉纤维粗壮有力，好像两只"前臂"，能伸能缩。依靠这种特殊胸鳍的支撑，加上身体的弹跳力和尾鳍的推动力，它既可以游泳，又可以在沙滩上匍匐爬行或跳跃前进，即使遇到斜坡，也能顺利跳过去。有时它能沿着树干爬到树枝上，捕食落在树上的昆虫等小动物，所以也叫跳鱼。

这种鱼还有更奇妙的一手，它能用尾巴从水中和泥土中吸氧。每次登陆时，它先在鳃里贮满氧气，然后成群地到陆地上旅行。当氧气用完后，它就将尾巴插进泥土里汲取氧气。弹涂鱼除了用鳃和尾

会爬树的弹涂鱼

鳍呼吸外，还可以用皮肤和口腔黏膜呼吸。

飞鱼为什么能飞？

在大西洋、太平洋以及印度洋的
海面上，当人们乘船航行的时候，有
时会突然发现从海中冲出一大群银白色的
鱼，它们几百条聚集在一起，能在离开水面几米高的空
中飞行几十米，甚至上百米。

飞鱼

这种会飞的鱼就是飞鱼。你肯定会感到奇怪，飞鱼为什么能飞呢？
原来，飞鱼有着一身结实的肌肉，它的腹鳍很长，而且紧贴在身体两侧，
尾鳍的下叶比上叶长，这种鳍的结构使飞鱼具备了飞行的条件。

飞鱼起飞前，先摆动胸鳍，尾巴左右猛烈摆动，把游泳速度提高到
最快。然后借助胸鳍产生的上升力和尾鳍产生的前进力，就能跳出水面起飞。
当飞鱼猛地一下蹿出水面的时候，它那对宽大的胸鳍就像鸟的翅膀一样在身体
两侧展开，产生的浮力就把它送出了水面。严格地说，飞鱼并不会飞行，只能
算是滑翔。

什么鱼游泳速度最快？

在所有的鱼当中，游泳速度最快的要
算箭鱼了，它是名副其实的游泳冠军。
箭鱼有一个长而
硬的嘴，嘴的长
度要占身长的一半以上，很像一把利
剑。箭鱼用它尖利的嘴，可以戳穿敌人的胸膛。凭借这独特
的武器，箭鱼横行在海面上，即使面对巨大的鲸，它有时也会发动攻击。

箭鱼

箭鱼的游泳速度十分惊人，如果它全速前进，大约每小时可游110千米，
这种速度远远超过了人类制造的任何船舰的航速。

为什么箭鱼能游得如此快呢？这和它体形有很大关系。箭鱼的体形呈流线
型，细长而锐利的嘴极易劈水，水流经过头部后，能顺着体表顺利地流走，很
少有阻力。再加上它的鳞片表面有黏液，就像润滑油一样，使鱼体受到的阻力
降低到最低程度。所以箭鱼能成为鱼类中的游泳冠军。

为什么有的鱼没有鳞？

我们都知道，大部分鱼身上都包裹着坚硬的鳞片，如草鱼、鲢鱼等。鳞是鱼类皮肤的衍生物，具有保护鱼类身体的功能。

长有鱼鳞的鱼

不过，也有一些鱼身上没有鳞片，因为它们的鳞已经退化了，如黄鳝、河鳗等。黄鳝全身布满了黏糊糊的液体，它皮肤上的黏液腺会分泌出大量的黏液，形成一个黏液层。黏液层虽然不能阻挡硬物的撞击，但可以防止霉菌的侵袭。而且由于黏液很滑，使人难以捉住它，黏液成了这些鱼类逃生的法宝。再如，河鳗身上的鳞片已经退化，皮肤很薄，上面布满了微血管，有辅助呼吸的作用。

有鳞或没有鳞，是鱼类在长期适应自然环境后逐步形成的。虽然有些鱼身体上没有鳞，但它们的皮肤上也会有其他结构来代替鳞保护身体。生物正是在长期适应自然的过程中形成了各种不同的身体结构的。

螃蟹吐泡是什么原因？

螃蟹

螃蟹是生活在水里的甲壳类动物，它用鳃呼吸。只是螃蟹的鳃和鱼鳃不同，并不长在头部的两侧，而是由很多像海绵一样松软的鳃片组成，长在身体上面的两侧，表面由坚硬的甲壳覆盖着。

螃蟹虽然经常生活在水里，却和鱼不同，它能时常爬到陆地上寻找食物，而且离开水后也不会干死。这是由于螃蟹的鳃片里储存有很多水分，离开了水，仍然和在水里一样，也能不停地呼吸，吸进大量空气，再由口器两边吐出来。因为它吸进的空气过多，鳃和空气接触的面积较大，鳃里含有的水分和空气一起吐出，形成了无数气泡，越堆越多，因此在嘴的前面堆成很多白色的泡沫，就好像螃蟹在吐泡一样。

当我们去市场采购螃蟹的时候，最好是挑选吐泡沫的，因为这说明它是活的，新鲜的。

虾、蟹煮熟了为什么会变红?

我们都吃过大虾和螃蟹,它们的味道都十分鲜美,是人们餐桌上的佳肴。生虾和生螃蟹大都是青灰色或白色的。可是,一旦把它们煮熟了,虾、蟹的外壳就变成了红色,这是为什么呢?

原来,这是一种叫"虾青素"的鲜红色色素在起作用。许多甲壳动物也含有这种色素,如虫青素、蝶红素等。这种色素大量而广泛地分布在自然界中,它们的化学名叫"酮类胡萝卜素",是虾、蟹这类动物所含色素的主要成分。

煮熟的蟹

虾、蟹等甲壳类动物活着的时候,色素都是和蛋白质结合在一起的,在这些动物体内担负着一定的生理功能,所以不显现颜色。而在烹煮时,由于受热的缘故,色素蛋白质发生变化,色素就被分离出来,于是就使虾、蟹的外壳变成了红色。另外,死后的虾、蟹,由于体内的蛋白质发生变化,色素分离,外壳也会变成红色。

蜈蚣是怎样捕食猎物的?

在我国,人们很早就把蜈蚣、蛇、蝎(xiē)、壁虎和蟾蜍(chán chú)称为"五毒",认为它们的毒性很大,尤其把蜈蚣列为五毒之首。

蜈蚣

蜈蚣又叫"百足"虫,大的长约15厘米,躯体上长了许多条腿。蜈蚣的躯干部分有22个节,每一节有一对附肢,实际上它的脚是44只。在进化过程中,它的第一对附足变成了一对毒颚(è),也叫颚足。这个颚足是口器的一部分,上面有利爪和毒腺,这就是蜈蚣捕杀昆虫或者蜇(zhē)人的武器。

蜈蚣主要吃蚯蚓、苍蝇、蚊子、

毛虫等。它所具有的毒性对于这些小昆虫来说是致命的。一条蚯蚓被它咬住后，会很快死去。不管什么昆虫，只要被它的颚足一刺，就会立刻毙命。巨型蜈蚣是更可怕的猎食者，寻找到猎物后，迅速将颚足插入猎物体内并注射毒液，等猎物被毒死后，再开始慢慢享用。

你知道蜘蛛是怎样织网的吗？

在农村生活过的小朋友应该都见过蜘蛛网，你知道那些蜘蛛网是怎么织出来的吗？

蜘蛛可以称得上是织网能手。它织网的丝很细，很难看清楚。只有用放大镜观察才能看得清楚些。

织网的丝是从蜘蛛尾部的小孔中出来的，科学家把这种小孔叫丝囊。丝线是蜘蛛身体内的纺织腺分泌的，这种液体遇到空气就变硬了。有时候蜘蛛需要用它的后肢帮忙才能抽出丝来。蜘蛛在草上、树枝间或屋檐下来来回回地吐丝结网，织好网后，它在网的附近结一个丝窝。然后，蜘蛛躲在窝里，等着捕捉落在网里的小虫，因为这种网具有很大的黏性。

蜘蛛除了用丝结网捕食小虫外，它还会用丝线保护自己。当你把树上的蜘蛛弹下来的时候，蜘蛛不会摔到地上，它会吐丝把身体悬挂着慢慢落到地上，或是悬在丝线上来回摆动，然后慢慢沿着丝线爬回树枝上。

昆虫是怎样筑巢的？

昆虫都是很弱小的动物，但它们很善于保护自己。比如，不少的昆虫就是建造巢穴的能手。

马蜂筑巢所用的建筑材料是木屑和植物碎片以及纤维，蜂巢都是筑在植物的枝条上。马蜂用唾液做黏合剂，拌在木屑、纤维等材料上，加工成硬纸质的巢。它们先在植物枝条上做个支架，再在上面做成倒置杯状 的小巢。以这个小巢为中心做成很多小巢，最后形成一个像吊钟一样的大巢。

马蜂筑巢

避债蛾的巢穴则建造在树枝上，所用的建筑材料是树叶。避

债蛾小的时候，幼虫把树叶咬成一片片像鳞片的小碎片，再用嘴里吐出的丝把碎片连接起来，卷在身上形成一个小巢，刚好覆盖住身体。幼虫慢慢地长大，筑巢用的叶片也越来越大。幼虫便把身体倒置，大头朝下生活在巢穴里。

哪种昆虫的寿命最短？

比起其他的动物，昆虫的寿命就显得短多了，如果要说到哪一种昆虫的寿命最短，那大概要数蜉蝣（fú yóu）了。蜉蝣是昆虫中的"短命鬼"，它的成虫在水里形成，然后爬上岸，最多只能活一天甚至几个小时，雄雌蜉蝣完成繁殖任务后，就先后死掉了。所以，古代人们形容蜉蝣是"朝生暮死"，真的是十分恰当。

为什么蜉蝣的生命如此短促呢？实在是因为它的体质太差了。它长着 1 厘米长的瘦弱身体，翅膀非常单薄，前肢又宽又大，后翅较小，嘴根本不能用来吃食物。6 只脚非常软，不能走路，勉强可以用来攀爬草叶。尾巴上拖着两条须，比身体要长。蜉蝣只能进行升降运动，根本没有力气飞。所以当它用足气力完成繁殖使命以后，就再也没有气力活下去了。

蜉蝣

为什么说蟑螂是现存最古老的昆虫？

大约远在 3 亿年之前，昆虫作为地球上最早的"飞行家"而升入空中。而会飞的爬行动物和鸟类在这 1 亿多年以后，才出现在地球上。

自然科学家是通过它们的翅膀来识别古代的许多昆虫种类的。因为它们柔软而多汁的身体，在风吹、雨打、日晒等自然环境下，是不太可能作为完整的化石而保存下来的。人类已发现的古代最早的昆虫标本，就埋置在琥珀（hǔ pò）里和原始松树的树胶之中，其他一些昆虫的印迹遗留在页岩和石灰石的聚积物中。在距今大约 3.5 亿～2.7 亿年的石炭纪时期，地球

蟑螂

上的昆虫种类迅速增加。大家熟悉的蟑螂是当时地球上占优势的一类飞行动物。科学家从化石的遗骸中鉴别出 500 多种蟑螂。它们虽然没有现在生活于热带地区的一些巨型蟑螂那样大的身体，但是大多数的个子还是很大的。这些古代蟑螂与今天我们所见到的蟑螂差别不大，都有翅膀，会扑动翅膀作短距离飞行，可以说是有翅膀昆虫中最古老的成员。现在地球上生存的蟑螂种类有 2000 多种。

为什么说螳螂是大刀杀手？

在昆虫中，螳螂算是体形较大的一种。它们体长在 6 厘米左右。头部呈三角形，镶着一对大复眼及 3 个小单眼。头上长有两根细触角。胸部有两对翅。它有三对足，前足粗大并且呈镰（lián）刀状，因此螳螂也称为刀螂。它是有名的突击好手，常常会在温暖的阳光下、草丛中或树枝上伺机捕食其他昆虫。

大刀螳螂捕获了一只小昆虫

螳螂分巨眼螳螂、长角螳螂、绿螳螂和红花螳螂等许多种类。看似幼小的螳螂其实是凶猛的捕食者。某些种类的螳螂外形就像一朵花，这种伪装使它们既不易被猎物发现，也不易被鸟类捕食者发现。

螳螂吃蝗虫、苍蝇、蚊子、蝶、蛾等害虫。一只螳螂在 3 个月内能吃掉 700 多只蚊子。它平时栖息在植物上，身体的颜色与环境相似，不易被发现。螳螂一旦发现目标，就如箭一般射出，猛扑猎物，捕获过程大约只需要 0.5 秒钟，而且百发百中，从不扑空，因此被称为"捕虫神刀手"。

螳螂的嘴可以轻松咬裂甲壳类小虫的坚硬翅膀，并且经过细细地碾磨和嚼碎后才咽到肚中。

你知道蜻蜓有多少只眼睛吗？

昆虫的视力都不太好，蜻蜓却是个例外，它的复眼特别大，整个头部差不多都让那两只凸出来的复眼给占领了。

说出来你可能会大吃一惊，蜻蜓的两只大眼睛是由 10000 ~ 28000 只小眼构成的，这在昆虫中是最多的，所以它在昆虫中视力也最好，能看清 5 米 ~ 6

米远的东西。蜻蜓眼睛的构造也非常特殊。复眼上半部分的小眼睛，专门看远处的物体；而下半部分的小眼睛，则专门看近处。昆虫的眼睛大多不能活动。但蜻蜓的眼睛能随颈部自由转动，所以蜻蜓能够环视左右。

蜻蜓的眼睛对移动的物体特别敏感，可以根据小飞虫从一个小眼移到另一个小眼的方向和时间来确定猎物的运动方向和速度。一个物体突然出现时，人眼需要 0.05 秒才能看清轮廓，而蜻蜓用不了 0.01 秒就能看清楚了。所以，蜻蜓捕捉猎物时就很容易了。

蚕为什么最爱吃桑叶？

蚕

桑叶

我们都喜欢漂亮的丝绸制品，你知道吗？五颜六色的丝绸都是由蚕吐出的丝织成的。蚕平时最喜欢的食物是桑叶，这也是蚕一生的主要食物。

为什么蚕喜欢吃桑叶呢？鲜桑叶中除了含有大量的水分外，还含有丰富的蛋白质、糖类、脂肪、矿物质、纤维素和有机酸。蛋白质、糖类、脂肪和矿物质，是蚕用来制造蚕丝的主要原料。

蚕是靠它的嗅觉和味觉器官来辨别桑叶气味的。如果破坏了这些嗅觉和味觉器官，它就无法辨别桑叶的气味，于是，它就不再挑剔，可以随便吃其他植物的叶子了。

一条蚕，从孵出来到吐丝结茧，要吃掉 0.03 千克的桑叶。到现在为止，我们已经知道蚕能吃的食物很多，除桑叶外，还有柘叶、榆叶、无花果叶、蒿柳叶、蒲公英叶、莴苣（wō jù）叶、生菜叶等。但不管怎样，蚕最爱吃的还是桑叶。

蚂蚁为什么能认路？

蚂蚁外出寻找食物一走就很远，相当于人到几百千米以外去一样。可是，蚂蚁没有眼睛，它是怎样准确无误地回到自己的巢穴中去的呢？

科学家通过长期研究发现，蚂蚁是依靠气味来导航认路的。蚂蚁的触角十

钩状爪
细细的腰
躯干
上颚

欧洲黑园蚁

分灵活，它具有两种功能：一种是触觉作用，蚂蚁利用触角，探明前面物体的方位、形状、高矮、大小以及硬度等情况，然后快速做出是否通行的判断；另一种作用是嗅觉作用，蚂蚁边走边从肛门和腿部的腺（xiàn）体里分泌一种具有特殊气味的物质，这种物质能在路上暂时留下气味和痕迹，当蚂蚁返回巢穴时，只要闻着这条留有气味的痕迹，就能准确无误地回到家，这叫做"气味导航"。

有人做了个试验，如果在蚂蚁的身上或走过的路线上洒上香水，蚂蚁就再也回不了家了。即使回到家也会被其他蚂蚁咬死。这是因为每一个蚁巢中都有它特殊的气味，蚂蚁就是靠这种气味来区别自家人或外人的。

蚂蚁为什么力大无穷？

你注意过蚂蚁搬东西吗？一群蚂蚁，能把体积很大的食物搬回自己家里去，一只蚂蚁，也能拖动比它大得多的东西。

科学家经过实验证明，蚂蚁搬的东西，可以超过它自身重量的 50 倍。若按此计算，蚂蚁是动物界名副其实的举重冠军，连号称昆虫大力士的螳螂也要甘拜下风。

蚂蚁之所以有如此大的力气，全部的奥妙都在于其腿部的肌肉，它们简直就是一台台高效的"发动机组"。蚂蚁肌肉所耗的能量是复杂的化学物质，实在是很神奇。蚂蚁的腿运动时，肌肉产生一种酸性物质，引起这种原料的急剧变化，肌肉迅速收缩，产生巨大的动力，便能将比自己重几十倍的东西举起来。

为什么萤火虫会发光？

夏天，在田野中，我们经常可以看到一盏盏的"小灯笼"飞来飞去，它们就是萤火虫。萤火虫身体扁平细长，大多数雄性有翅，雌性无翅。萤火虫是很有趣的昆虫。它像一盏小灯笼，能发出闪闪的萤光，因此，许多小朋友都很喜欢它。有趣的是，萤光虽亮，但并不灼手。原来萤火虫在发光时几乎不产生热，

萤火虫幼虫

发出来的是"冷光"。

那么，你知道为什么萤火虫能发光吗？萤火虫之所以能发光，是因为它的腹部末端有一个发光器。发光器上覆盖着一层透明的角质表皮，表皮下排列着几千个内含荧光素和荧光素酶的发光细胞。当体内氧气充足时，荧光素在荧光素酶的激发下，就同经过气管吸入的氧气起化合反应，合成氧化荧光素，释放能量并转化为荧光。萤火虫发出的光之所以一明一暗，正是它的开关气门控制氧气进入发光器的结果。了解了萤火虫有趣的发光原理，你会感觉到，萤火虫虽小，却也很不简单哩！

 ## 蟾蜍身上为什么长疙瘩？

蟾蜍是青蛙的近亲，不过，由于它身上长满了疙瘩，所以有许多小朋友都觉得它很恶心，把它称为癞蛤蟆。蟾蜍的长相虽然不好看，但它却是一种对人类有益的动物。它动作迟缓，性情温和。白天，蟾蜍躲在草丛或者洞穴里，到了晚上才出来捕食。蟾蜍的嘴巴又

蟾蜍

宽又大，舌头像青蛙一样灵活，凡是在它捕食范围内的害虫，几乎都逃不掉。

那么，蟾蜍的身上为什么长满了疙瘩呢？这是它的一种自我保护措施。它趴在地上，与泥土的颜色没什么区别，可以避免被敌人发现。蟾蜍身上的疙瘩能分泌黏液，保持皮肤的湿润，同时还能分泌乳白色的浆液。蟾蜍分泌的浆液有毒，是它的防身武器，连黄鼠狼也怕它三分。不过，这种浆液却可以入药，人们从中提炼出的"蟾酥"具有止血、镇痛、强心、解毒等疗效。

 ## 为什么青蛙有功也有过？

青蛙是人们常见的小动物。它常栖息于稻田、池塘以及河流沿岸的草丛中，因为是两栖动物，既能生活在陆上，也能生活在水中，所以有时青蛙也潜伏在水里。

青蛙的食量很大，种类也很多。它的食物来源包括昆虫、田螺、蜗牛、小

鱼、小虾、小蛙、鱼卵等，但主要还是吃
昆虫。由于青蛙多生活在农田附近，因
此常常捕食害虫，被人们誉为"田园卫士"。
从这一点上说，青蛙能消灭农业害虫，
对农业是有益的。

青蛙

但是，青蛙在捕食昆虫时根本不可能具备区
别与选择的能力。它在捕食昆虫的同时，也往往捕食农田益虫。加上它还吃鱼、
虾、鱼卵等，对渔业有时也会造成一定的危害。所以说青蛙有益也有害。不过，
站在保护野生动物资源、维护良好自然环境、保持生态平衡的立场上，青蛙仍
是值得保护的动物。

 ## 是气候变化导致了恐龙灭绝吗？

一直以来，大家对于恐龙是怎么灭绝的这一问题，都怀有浓厚的兴趣。在
科学界，有人提出了气候、环境变化导致恐龙灭绝的假设。因为在白垩（è）纪
的末期，地球的外表发生过一次巨大的变化。那时候，由于地壳的运动，大片
大片的平坦土地渐渐向上隆起，形成了很多很多的大山脉。从整个地球来看，
陆地的面积扩大了，许多地方海水退去，渐渐上升为陆地，甚至变成了山脉。
这一切也使地球上的气候发生了很大变化，原来温暖潮湿的热带气候，开始受
到寒冷的侵袭，原始的热带森林大片消失，恐龙因食物贫乏而灭绝。

不过，科学工作者通过地质学研究发现，地壳的运动和气候的变化并不是
在短时间内完成的，而是经历了很漫长的时间。也就
是说，陆地上升，每
年只有几
毫米或几
厘米。这样就可以推测，由
它引起的气候变化也是很缓慢
的。所以，现代的许多科学家认为，
因为地壳运动而引起全球性的恐龙突然
灭绝，好像不太可能。恐龙的灭绝一
定是其他的原因造成的。

恐龙究竟能跑多快?

也许有不少小朋友会问,恐龙究竟能跑多快?这真是一个十分有趣的问题。因为恐龙已经灭绝,科学家只能根据恐龙的足迹以及其他情况进行分析。

根据考古发现的化石分析,霸王龙奔跑的速度大约是每小时 40 千米,与犀牛的速度差不多。跑得最快的是足小型恐龙,从脚印分析大约接近每小时 70 千米,但这到底叫什么恐龙不得而知。像雷龙这样的大型蜥脚龙每小时只能跑 5 千米~8 千米。

科学家认为跑得最快的恐龙有两条很长的后腿,体形纤小灵巧。在英国发现的高脊齿龙和南非发现的一种恐龙都是跑得最快的植食性恐龙。恐龙虽然能跑,但它们跑不了多远就会精疲力尽,因为大多数恐龙身躯太庞大了,奔跑并不是它们的特长。

霸王龙

恐龙平时吃什么?

恐龙分为植食性恐龙和肉食性恐龙两种,它们所吃的食物是大不相同的。

大多数恐龙吃植物。科学家通过研究恐龙的牙齿和颌(hé)化石发现,植食性恐龙有用来磨碎食物的宽大牙齿或像禽龙那样的能钳住食物的牙齿,角龙有能撕碎树叶的喙(huì)。三角龙的身体比较矮,所以它们多数以比较矮小的植被为食。但是它们也可能使用头角、喙状嘴或以身体来撞倒较高的植物来食用。

肉食性恐龙有曲线形细而尖的牙齿,这方便它们撕咬猎物。肉食性恐龙的主要食物是

马门溪龙

发现于我国四川马门溪地区,是一种植食性恐龙。它的长度和一个网球场的长度差不多。马门溪龙被认为是已知曾经生活在地球上的脖子最长的动物。

一些小动物，对于大型的猛兽它们是无能为力的。

以肉食为主的恐龙因为食物的营养丰富，因此它们通常不需要吃很多食物。而植食性恐龙的食量很大，如梁龙每天约吃2000千克的树叶。

眼镜蛇发怒时脖子为什么会变粗？

大家肯定听说过眼镜蛇吧，它是一种非常可怕的剧毒蛇，因为其颈部有一对白边黑心的眼镜斑纹，故称"眼镜蛇"。眼镜蛇的"脾气"很暴躁，发怒时"脸"虽不红，"脖子"却变粗，所以也有人称它为"膨颈蛇"。

眼镜蛇发怒时为何脖子会变粗呢？原来，它的肋骨一端是活动的，而颈部肋骨比其他部分的长，当它遇到侵扰时，其身体前半部竖起，颈部的肋骨就极力扩张，于是就将皮肤撑开，使脖子变粗。眼镜蛇的脖子变粗，是向敌方发出警告。此外，眼镜蛇听到音乐时，由于受到声音的刺激，也会昂首发怒，脖子膨胀，昂起脖子摇晃着，像跳舞一般，其实并非跳舞，而是伺机咬侵扰者一口。如果你有机会亲眼见到眼镜蛇，可千万要小心提防。

眼镜蛇

鳄鱼的薄弱之处在哪里？

鳄鱼是陆地上最大的爬行动物。它分布较广，种类繁多。鳄鱼平时漂在浅水中，一动也不动。它的形状、肤色宛如一块腐朽的木板，很容易迷惑其他动物。一旦发现猎物，鳄鱼便慢慢漂过去，出其不意地猛袭，一口咬住猎物，然后将其拖下水去吞食掉。

鳄鱼什么都吃，大到角马、斑马、鹿，小到猴子、野兔、蜥蜴和小鸟，有时甚至连人都吃。世界上最大、最凶残的鳄鱼是澳大利亚湾鳄。成年的澳大利亚湾鳄体长达十几米，体重达几百千克，遇上它的人或动物很少有生还的。鳄鱼的牙齿并不锋利，一般较大的猎物它无法撕咬，只能

鳄鱼

靠身体的猛烈旋转，才能从猎物身上把肉撕下来，或者将猎物拖入水中浸泡得发软后再进食。

不过，凶残的鳄鱼也有弱点，它的鼻子特别脆弱。有经验的人懂得，一旦遭到鳄鱼的袭击，只要寻找时机，在它的鼻子上猛击几拳，鳄鱼便会只顾逃命了。据说，这是因为鳄鱼的鼻子部位神经系统比较发达，一旦受到撞击以后，鳄鱼便会软弱无力。

变色龙为什么会变色？

变色龙会变色

在自然界，各种各样的动物为了适应恶劣的自然环境，它们经过世世代代漫长的进化和演变，逐渐练就了各种各样的伪装本领，让自身的体表颜色跟周围自然环境融为一体，借此避免敌人的侵袭和伤害。

变色龙是一种爬行动物，它在自我保护方面可是个行家。变色龙平常喜欢静悄悄地生活在树枝上，它虽然其貌不扬，却能在一昼夜间变换出 6 ~ 7 种颜色。在变色龙的表皮上贮存着黄、绿、蓝、紫、黑等色素细胞。一旦周围的光线、温度和湿度发生了变化，变色龙的体表颜色也就会随之发生变化。

科学家仿照变色龙的体表颜色，制成了一种既能自动改变颜色，又始终与周围环境保持一致的军装，这种军装是由一种对光线变化很敏感的化学纤维织成的布料制成的。军人穿上这种军装，隐蔽时就不需要其他伪装了。

鸟儿为什么要唱歌？

很多鸟儿的叫声悦耳动听，所以人们喜欢用唱歌来形容，可是鸟儿为什么要唱歌呢？为什么不同的鸟类歌声也不同呢？

其实，不论是悦耳动听的莺啼燕语，还是让人感觉像噪音一样的鸦鸣雀噪，都是鸟类交流信息的工具，是它们的一种"语言"。

正在歌唱的鸟儿

在不同情况下，鸟儿发出不同的叫声能表达不同的含义。春天来了，雄鸟的歌声是向其他鸟儿示警："我要在这块领土安家落户了，没事别来打扰我！"到了交配季节，雄鸟发出悦耳的叫声，目的是吸引雌鸟。如果发生了危险，鸟儿会用特殊的叫声通知同类赶紧躲避。

由于鸟的叫声是向同类发出的，所以一般只有同类能听懂，而且即使是同一种鸟，由于生活的地区不同，叫声也有可能不同，这和人类不同民族有不同语言、不同地区有不同方言的情况很类似。

 ## 巨嘴鸟是什么样的？

巨嘴鸟身长 70 多厘米，而嘴巴却大得出奇，竟占了身长的 1/3。假如从正面看，往往看不到它的身体，只看到一张橡皮似的尖端有些弯曲的巨嘴，因此叫做巨嘴鸟。这张颜色艳丽的巨嘴虽然十分粗壮，但重量却非常轻，还不足 30 克。这是因为它们的嘴构造很特别，中间布满了海绵似的空隙，外面有一层薄薄的角质覆盖着，既坚硬又轻巧。

巨嘴鸟吃东西的时候，它们有力的巨嘴可以啄食承载不起它们体重的细枝上的那些果实，又能穿过叶丛觅食。偶尔它们也会换换口味吃一些小动物，如蜥蜴及鸟蛋等。

巨嘴鸟

巨嘴鸟通常生活在南美洲的热带森林里。它们在树上活动时，不是攀援向前，而是跳跃前进。它们平时仅以雌雄成对或小家庭为单位出没，偶尔成群活动时，则总是有一只鸟像哨兵一样守卫在周围，以防天敌突然袭击。

 ## 鸟类为什么能在天上飞？

天空中有无数的鸟儿在自由自在地飞翔。你可能会感到奇怪，为什么鸟类能在天空飞行，而人类却不能飞呢？

正在飞翔的鸟儿

原来，鸟类身体的各个部位都与飞行有着密切的关系，鸟能飞起来是由它们特殊的身体构造决定的。

鸟飞行靠的是翅膀，鸟的胸部有发达的肌肉，能牵动翅膀骨骼进行强有力的运动，使翅膀扇动起来，产生飞行的力量。鸟扇动自己的翅膀，不但能使它们的身体升到空中，而且能使它们前进，以及平稳地降落。鸟的身体比较轻，骨骼很纤细，并且大部分骨头中都充满了空气。这样的骨骼构造为飞行提供了优越的条件。另外，鸟类的体内器官也为飞行提供了有利条件。鸟类没有贮存粪便的直肠，也没有贮存尿的膀胱。这样，当它们在飞行时，可以随时随地将粪便排出，从而减轻体重，利于飞行。

杜鹃是怎样借窝生蛋的？

杜鹃是一种益鸟。它爱吃松毛虫，是捕捉松毛虫的能手，曾有"护林卫士"的称号。杜鹃性情孤僻，平时大多单独活动，即使在繁殖期间，也不像其他鸟类那样雌雄成对生活在一起。

借窝生蛋的杜鹃

杜鹃不筑巢，不孵卵，不育雏，但是却能繁殖后代。原来，它在长期的生存演化中练就了一套以假乱真的本领，它下的蛋在颜色、大小、斑点、花纹上与黄鹂、云雀等其他鸟的蛋完全一样，所以它常常把自己的蛋偷偷下在这些鸟的巢里，让这些鸟帮它孵化、育雏。当孵化小杜鹃的黄鹂、云雀还没醒悟过来时，羽毛丰满的小杜鹃便跟着等在附近的生母远走高飞了。

啄木鸟是怎样为树治病的？

啄木鸟多数分布于温带森林之中，因为它专爱吃钻进树干里的虫子，为树治病，所以被人们称为"森林的医生"。

啄木鸟的嘴直而有力，很像木匠用的凿子。它的翼短而钝，腿短而有力；脚有四趾，两只向前，两只向后；尾上的羽轴既硬又有弹性，在树上啄木时，就像一根支柱。啄木鸟的舌头又细又软，能伸到口外 14 厘米处，舌头尖端生有钺（qiāng）刺和黏液，不管在树干里隐藏多么深的害虫、幼虫和虫卵，都逃不过它的舌头。

啄木鸟常在树洞中建巢。每年的四五月间产卵，每窝产卵 3 ~ 8 枚，雌雄鸟轮流孵化，大约 16 天后幼雏出生，18 ~ 21 天后小啄木鸟便能飞出巢自己觅食了。

为什么鸟类没有牙齿？

大家都知道，鸟类每天的活动强度很大，经常要进行飞行，所以它们的新陈代谢快，每天需要消耗巨大的能量。为了满足飞行生活的需要，鸟类必须不断地努力寻找食物，尽快地进食和消化。

为了适应飞翔生活，鸟类便采取了新的取食方式。这种取食方式的特点是：鸟类用圆锥形的嘴来啄食，将整粒或整块食物快速吞下，然后将食物贮藏在发达的嗉（sù）囊中。食物在嗉囊中经软化后逐步由砂囊磨碎，再由消化系统

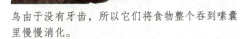
鸟由于没有牙齿，所以它们将食物整个吞到嗉囊里慢慢消化。

的其他部分陆续加以消化、吸收。这种方式不需要牙齿和与此有关的系统，大大减轻了体重，这也是鸟类在进化过程中自然选择的结果。

科学家经研究发现，鸟类不用牙齿后，与取食有关的骨骼退化，从而大大减轻了头骨的总重量，因此十分适合鸟类飞行的需要。

鸟类是靠什么认路的？

鸟类每天都要飞较远的距离。随着季节的变化，候鸟在一年中还要进行两次长途迁徙。可是，鸟类在没有仪器的情况下却能飞过漫长的旅途，准确地到达目的地。那么，你知道鸟类是怎么认路的吗？原来，鸟类是靠太阳、星星和地球的磁场认路的。

科学家曾经做过一个实验，证实了不少鸟是靠太阳的光线来确定自己的飞

行路线的。每当太阳的位置发生变化，鸟的迁徙方向也会跟着调整。比如上午和下午，同一种鸟的飞行方向就不同。

然而，多数鸟类是在夜间迁徙飞行的。那么，在夕阳西下、夜幕降临的时候，候鸟又是根据什么来定向的呢？实验表明，鸟类在夜间飞行时是靠天上的星星指明方向的。

此外，还有一些鸟是借助地球磁场认路的。大家知道，地球是一个硕大无比的大磁体，鸽子就能根据地球磁场确定飞行的方向。

 鹤睡觉时为什么总是单脚站立？

鹤

鹤类的长相一般都很漂亮，深受大家喜爱。可是，在自然界，鹤却只能算是个弱者。鹤有很多天敌，为了在自然界里生存下去，它们必须对周围的生活环境保持高度警惕，时刻提防敌人的袭击。

那么，鹤是怎样睡觉的呢？原来，它们是站立着睡觉的。正因为鹤要时刻防备敌人，所以它们决不敢像一些猛兽那样躺在地上呼呼大睡。我们试想一下，如果它们躺下睡觉，万一碰到紧急情况，等到想爬起来逃跑时往往就来不及了。因此，鹤不是不想躺下睡觉，而是周围的环境迫使它们不能这样做。

可是，站着睡觉毕竟很吃力。鹤只好用一只脚站着休息，过一会儿用另一只脚交换站着，让自己舒服一下。如果睡觉的时候敌人突然来了，它们只要放下一只脚，伸展一下翅膀就能快速飞走，逃离危险。

 为什么猫头鹰在夜间捕食？

猫头鹰是一种在夜间活动的鸟，嘴和爪呈钩状，十分锐利，两只眼睛也与其他鸟不一样，不是长在两侧，而是位于正前方。眼睛四周羽毛呈放射状，周身羽毛多数为褐色，并有许多细细的斑点。猫头鹰的视网膜里有许多圆柱形

感光细胞，感光非常灵敏，白天光线强烈，它什么也看不清，所以它只能在夜间活动。

猫头鹰的视野非常集中，能清楚地分辨景物的前后距离，在黑夜里确定捕捉目标。猫头鹰耳朵的耳孔很大，耳壳发达，地面上一些小动物活动时发出的细微声音都能听到。它的羽毛柔软，飞起来轻盈得像一阵微风。

猫头鹰主要以老鼠和田鼠为食，有时也吃兔子、松鼠和臭鼬等动物。一只猫头鹰在一个夏季里能吃掉上千只田鼠，保护了很多粮食，所以对人们来说，猫头鹰是一种益鸟。

猫头鹰

🪐 为什么鸟睡觉时经常眨眼？

睡觉的时候，鸟类也和人一样，是闭着眼睛的。不过，和人类不同的是，它们在睡觉时，每隔一会儿就要睁一下眼睛。

你知道这是什么原因吗？ 鸟类学家经过研究认为，鸟类的这种特殊的睡眠方式是一种似睡似醒的状态，它能使鸟类在休息时始终保持警惕，免遭飞来横祸。根据科研人员的统计，在宁静平安的环境中，野鸭平均每分钟眨眼 10 次左右。一旦附近有猫出现，即便是距离比较远，野鸭的眨眼次数也会增加到每分钟 20 次。猫走得越近，野鸭的眨眼次数就越多，最多可达每分钟 35 次。如果这时猫步步进逼，野鸭就会睁开眼睛，进入清醒状态，密切注视猫的一举一动。

正在打盹的鸟

当然，鸟类睡觉时会尽量减少眨眼次数，增加闭上眼睛的时间。不过，鸟类虽然在睡觉时不断地眨眼，睡眠效果却仍然跟熟睡时差不多。

 ## 乌鸦叫真的不吉利吗?

　　乌鸦是遍布我国各地的常见鸟类。因为它全身乌黑，叫声嘶哑难听，而且常常成群结队地边飞边叫，所以从古时候起，人们就认为乌鸦叫是不祥之兆。

乌鸦

　　科学家们研究发现，其实乌鸦和其他的鸟并没有不同，它的叫声也不意味着不吉利。人们对乌鸦一贯的看法是片面的、不准确的。从某种程度上说，乌鸦还是一种益鸟呢。乌鸦是杂食动物，常吃玉米、瓜果、豆类等农作物，对农业有危害。但它也吃一些耕地上的害虫，对农业也有一定的益处。

　　实际上，乌鸦是很聪明的动物。日本的乌鸦会将核桃放到停在红灯前的汽车轮下，等到绿灯一亮，汽车前进时，就会碾（niǎn）开核桃壳，乌鸦就能吃到里面的核桃仁了。怎么样，乌鸦吃东西很聪明吧。

　　乌鸦还有"尊老爱幼"的美德。老乌鸦将小乌鸦喂养大后，自己年迈体衰时，小乌鸦会主动承担起捕物寻食、侍奉双亲的责任。这在整个动物界都是少见的。

 ## 鸽子的眼睛有什么特别?

　　鸽子有着一双神奇的眼睛，它能在人眼力不及的距离上发现飞翔的鹰，而且能区分出是吃腐肉的鹰还是吃活物的鹰，这样，它就可以决定是否需要逃跑。鸽子还能在几秒钟内从千万只鸽子中认出自己的伴侣。鸽子在长期离巢后，一旦返回故居，也能从许多看似相仿的鸟巢中一眼认出自己的家。

　　为什么鸽子的眼睛如此厉害呢？原来，鸽子的眼睛视网膜上有 6 种神经节细胞，它们能分别对图形的某些特征产生特殊反应，并且只对自上而下运动的物体产生反应，而对自下而上运动着的物体却视而不见。

　　科学家根据鸽子眼睛的构造，制造了一种电子鸽眼。如果将这种电子鸽眼配备在警戒雷达上，安装在机场和国境线附近，那么它就只会监视飞入机场和国境的目标，而对飞出去的目标却熟视无睹。这对于提高国防水平具有重要意义

鸽子

第五章

植物园地

 ## 植物也有性别吗？

在百花盛开的季节，当你漫步在花园中，闻着醉人的花香，欣赏着鲜艳的花朵时，你可能时常感叹花瓣是如何的美丽，花蕊是如何的精致。但是，你可能不会意识到，你所欣赏的花蕊，是植物的两性生殖器官——柱头和花药。沿着柱头下去就是子宫，相当于雌性器官，因为里面有卵细胞，是完成受精和孕育种子的地方；花药是雄性器官，其中藏着成千上万个花粉。当你摸花心时，沾到手上的黄色粉末就是花粉。

百合属于两性花

以上所描述的是一朵花中包含的两种生殖器官，它们属于两性花。像月季、百合、玉兰等都属于两性花，属于雌雄同株同花类的植物。还有一些植物，如玉米、南瓜、马尾松等在同株植物上形成两种性别的花，属于雌雄同株异花类植物。但对于杨、柳、银杏、罗汉松等，则有明显的雌树和雄树之分了。雄树上形成雄性的花器官，雌树上形成雌性的花器官。

属于雌雄异株的植物，如果周围没有雄树，雌树就不会结果。比如，我们要想吃上开心果，果园里不能只栽雌树，必须间隔一段距离栽些雄树才行。

如此看来，植物的性别比起动物来似乎要复杂得多，雌雄划分也不像动物那样明显。

关于植物性别的利用，还有许多典型的实例。杂交水稻的培育成功，就是借助于雄性不育稻株的发现和培育。

 ## 有些植物为什么"分身有术"？

"分身术"——只有《西游记》里的孙悟空才会有这种本事，然而，拥有分身能力的植物却是屡见不鲜的。

所谓的"无心插柳柳成荫"讲的便是一支柳枝插到土壤里，就会生根并且发芽，长成新的柳树；将秋海棠的叶子埋在土壤中，它便会向下长出根须，并向上生出新的叶子来；马铃薯的块茎上有很多芽眼，每一个芽眼都能够长出新生的植物；"雨后春笋"便是从竹的地下根茎上面冒出来的芽，蒜蒜与洋葱的鳞

茎及芦苇的根也可以生芽，成长为新的个体，这便是植物中的无性繁殖。

此外，有些人利用曼陀罗的花粉培植出了一棵幼苗，另外玉米、水稻以及小麦、大麦和烟草等的一个植物细胞也可培植成一棵植物，它们全部是没有母亲的植物。

科学家揭示出了植物细胞的秘密之后，从植物上取下的根、茎、叶和花的任意一小部分或者是一粒花粉，放进试管内的无菌的培养基上，去进行特别的培植，结果竟然培植出一棵完整的植株。

曼陀罗

曼陀罗的花粉能培育出幼苗，所以不用种子也可以将其繁殖。

利用这种方法，科学家能够在工厂里迅速繁殖甘蔗的幼苗。将人参的细胞放入试管里培养，同样能获得人参的有效成分。今天此种方式能在实验室里培植一个大森林所需的树种，仅仅用一个邮包就可以从一个国家邮寄到另一个国家了。

植物为什么能预测地震？

鱼浮水面、鸭不下水、鸡上房顶、老鼠搬家、猪不进圈……这些动物出现的异常现象，已被大量的事实证明是地震前动物特有

的反应。科学家们通过研究又发现，在大地震发生以前植物也有异常反应。

含羞草

云南西双版纳、德宏等地区的含羞草就是这样一种对地震颇为敏感的植物。

含羞草的叶子平常在白天是横着呈水平张开，夜里呈合闭状态。这种草因对环境影响很敏感，当触及到人们的手、足、衣物或呼出的气体时，它的叶子会怕羞似的很快合抱起来，不让人们看清它的叶体，为此人们给它取名叫含羞草。含羞草不仅对人体非常敏

感，对地震现象也很敏感，在大的地震到来之前，含羞草的叶子会一反常规：白天不呈张开状态反而成合闭状态；夜间不呈合闭状态反而在凌晨开或早晨开状态。科学家们发现，当这种叶片状态发生异常变化时，预示着这一带地区有可能会发生较大的地震。

植物为什么能帮助探矿？

三色堇

植物在新陈代谢和生长发育过程中，特别需要某种矿物。它们常常会形成发达的根系，深深扎入地下，去寻找这些矿物元素。有些植物在吸收金属离子后改变了细胞液的酸碱度，导致植物正常花色的改变，从而对寻找矿藏起到指示作用，它们成了地质学家找矿的"侦察兵"。例如：在含锌的土壤中，三色堇长得特别茂盛，它的圆形花瓣上，每朵花有蓝白黄三色，色彩变得更加鲜艳；有人在美丽的七瓣莲的指引下找到了锡矿；有人根据一种开浅红色花的紫云英发现了铀矿；而蓝色的野玫瑰能够指示铜矿埋藏的地方。

有一些植物的生长姿态也有指示意义。如青蒿在一般的土壤中长得相当高大，但会随土壤中含硼量的变化而成为"矮老头"。更为有趣的是有的树木害一种"巨树症"，树枝伸得比树干还长，而叶子却小得可怜。这种畸形是由于吸收了地下埋藏的石油造成的，因此成了油田的指示植物。

植物也有血型吗？

我们都知道，动物是有血型的，那植物有没有血型呢？

植物也是有血型的。1983年，有个日本妇女夜间在卧室里突然死去，警察赶到现场，无法确定是自杀还是他杀，便化验血迹。结果，死者的血型是O型，而枕头上的

桃花

血迹却是 AB 型。由此看来，似乎是他杀，但是，警察却一直没有找到凶手作案的其他证据。这时，有人提出：这 AB 型是否同枕芯中的荞（qiáo）麦皮有关系？法医山本打开枕套，取出里面的荞麦皮做了化验，意想不到的事情发生了，荞麦皮的"血型"果然是 AB 型的。这个结果立刻引起了人们的极大兴趣。

山本扩大实验范围，研究了 500 多种植物的果实和种子，结果发现植物也有各种各样的血型。他发现苹果、草莓、南瓜、萝卜等 60 种植物的血型是 O 型，珊瑚树、罗汉松等 24 种植物的血型是 B 型，李子、金银花、荞麦等植物是 AB 型，只是没有找到血型为 A 型的植物。

 ## 植物离开土壤也能生长吗？

植物可不可以离开土壤生长呢？答案是肯定的，这就是无土栽培技术。

无土栽培是指不用土壤、用溶液培养植物的方法，包括水培和沙培。到 20 世纪 30 年代，人们开始把这种技术应用到农业生产上。

无土栽培采用人工配制的培养液，供给植物矿物营养的需要。

用落叶、枯草等制成的培养土。

为使植株得以竖立，可用石英砂、蛭石、泥炭、锯屑、塑料等作为支持介质，还需要保持根系的通气。多年的实践证明，大豆、菜豆、豌豆、小麦、水稻、燕麦、甜菜、马铃薯、甘蓝、莴苣、番茄、黄瓜等作物，无土栽培的产量都比土壤栽培的高。

 ## 为什么植物晚上要睡觉？

植物和动物不一样，它们不会运动。但是，植物也是需要休息、需要睡觉的。

高大的合欢树上有许多羽状的叶子，当太阳出来的时候，它们就舒展开来了；夜幕降临时，叶子又会成对地折合。植物的叶子昼开夜合，其实就是植物睡眠的外在表现。

美丽的花朵也需要睡觉。每当旭日东升的时候，睡莲那美丽的花瓣会慢慢

舒展开来，用笑脸迎接新的一天；
而当夕阳西下时，它便收拢花瓣，
进入甜蜜的梦乡，因而人们便称
它"睡莲"。

为什么植物晚上要睡觉
呢？这是植物为了保护自己，适
应周围环境的一种正常反应。植
物的叶子在夜间闭合，就可以减
少热量的散失和水分的蒸发，因
而具有保温和保湿的作用。夜间
的气温比白天低得多，睡莲的花

睡莲

在晚上闭合，可以防止娇嫩的花蕊被冻坏。所以，植物晚上睡觉也是进化过程
中自然选择的结果。

 ## 植物也会感冒发烧吗？

如果采用精密仪器测量，你就会发现，植物的体温并不是恒定的，它们的
体温也经常变化，而且不同部位的体温也不一样。

植物叶子的温度变化是最明显的。
白天，植物的叶温主要是靠蒸腾作用
来调节的。当土壤里含的水分充足时，
蒸腾作用较强，叶温降低。而当土壤
里水分不足的时候，叶子便得不到充
足的水分，在阳光下，叶片因失水过
多而不得不关闭气孔，这样蒸腾作用
就减弱，叶温就升高了。

生病的树木和人一样也会发烧。
所不同的是，病树早晨发烧的温度往
往比其他时候高，而人生病时却往往
是晚间发烧厉害，清晨容易退烧。树
木生病时为什么会发烧呢？原来，树
木生病后，树根吸收水分的能力就会
下降，整个树木得不到所需要的水分，
树温就会相应地升高了。根据"病树

路边的树被刷上了白漆，因为白色能反射太阳
光，避免树木体内温度过高而患上感冒。

会发烧"这一现象，人们可以根据温度来判断哪片森林有病，从而及时采取有效的治疗措施。

为什么植物能净化空气？

植物不仅能为动物及人类提供食物和氧气，而且还能净化我们周围的生存空间。植物能利用光，把空气中的二氧化碳及从土壤、空气中吸收的水通过光合作用制造有机物，并产生大量的氧气，正是因为植物能吸收空气中的二氧化碳并放出氧气，才使空气中的二氧化碳和氧气维持平衡。如果没有植物，大气中的氧很快就会用完，而二氧化碳越来越多，动物和人将无法生存下去。

万年青的叶子可以吸附灰尘，净化空气。

植物能吸收空气中的灰尘。有的植物叶面粗糙多毛，能分泌黏液和油脂，所以能吸附大量浮尘。一场雨后，叶面上的灰尘便会被冲走，叶子又重新恢复吸附能力。植物还能降低风速，从而使空气中较大的污染颗粒、尘埃降落，起到净化空气的作用。

树木能净化空气

植物的根能与土壤紧密结合，即使风很大也不易起飞尘。有些植物还能吸收大气中的有毒物质，减少大气中的毒物含量。例如木槿（jǐn）、黄杨、侧柏、枇杷、香樟就能吸收空气中的氯。

植物会相互沟通吗？

我们都知道，动物之间会通过形体动作和发声进行沟通，但你知道吗？植物之间居然也会互通信息。

美国两位生物学家在西雅图附近的一处森林里进行了多年的实地考察，他

们发现，柳树的一部分叶子遭到害虫噬（shì）咬后，整棵树叶子的化学成分就会发生变化，其中可供害虫消化吸收的营养成分减少了，而令害虫无法消化的化学物质增加了。这么一来，叶子变得非常难吃，害虫便大倒胃口，望而生畏了。而且，一棵柳树遭到害虫侵袭的时候，周围其他一些尚未遭到害虫侵袭的柳树叶子的化学成分也发生了同样的变化。

各种植物之间都会互相交流

柳树之间是怎样互通信息的呢？树木之间的"通信"是在空中进行的。受到害虫侵袭的树木产生的化学物质，是通过空气散发开去的，它落到别的树上时，便可以通知其他伙伴。不过，这其中的奥妙还有待科学家进一步研究。

为什么有些植物有毒？

不同种类的植物，由于它们有不同的生理活动，造成它们体内积聚着不同性质的物质。有些植物积聚的是有毒物质，进入人畜体内，能产生毒副作用，使组织细胞损坏，引起人畜机能障碍、疾病或死亡。

植物中的有毒物质主要有：植物碱、糖苷（gān）、皂素、毒蛋白和其他还未查明的毒素等。植物碱是植物体内一些含氮的有机化合物，如烟草的叶子、种子内所含的烟草碱；糖苷是糖和羟（qiǎng）基化合物结合的产物，如白果和苦杏仁种子内所含的苦杏仁苷。皂素是一种很复杂的化合物，溶入水中后，摇晃一下能产生泡沫，如瞿（qú）麦的种子所含的瞿麦皂素。毒蛋白是指具有蛋白性质的有毒物质，如蓖麻种子内所含的蓖麻蛋白，巴豆种子内的巴豆素。

有毒物质在各种植物体内不仅性质不同，分布的部位也不同。了解哪些植物是有毒的和它们体内含有什么样的毒素，在医学上是有重大意义的。

白果种仁

为什么山越高植被越少?

在地球上, 由水里到陆地, 直达5000多米的高山, 都是植物的生存范围。越往高处走, 植物的种类就越少。一般来说, 在海拔3000米以下, 植物种类最多; 3000米以上, 主要是些小灌木及草本植物; 4000米以上, 种类就很少了; 5000米以上, 只有极少数耐寒植物能够生长。为什么山越高, 植被就越

长满植被的山丘

少呢? 科学家指出, 海拔高度每上升100米, 温度就要降低0℃~5℃, 因此山越高, 温度就越低。在那冰天雪地、空气稀薄的环境里, 一般植物无法生存, 只有那些特别耐寒的植物才能适应。

为什么沙生植物的根很长?

生长在沙漠中的植物有许多神奇之处, 它们的根也与众不同。

沙漠地带最明显的气候特点是降雨极少, 风极大, 常年干旱。在沙漠中生长的植物必须适应干旱的环境。很多沙生植物根的生长速度极快, 特别是幼苗时期, 如果生长速度不快, 风吹沙动就难以扎根。扎根之后, 沙生植物的根在横向和竖向都迅速扩展。与地上部分比较, 地下部分在横向和竖向都是地上部分的几倍、十几倍甚至几十倍。有些植物的根长达几米、十几米甚至几十米。

沙生植物的根如此之长, 一方面是抗风

沙漠植物有发达的根系

刮，发达的根系牵扯着风难刮到的深层沙地，不仅植物扎稳了根，表层浮沙在大量的须根牵扯下还减少了扬尘；另一方面是抗干旱，根系发达能够大幅度地增加植物吸收水分的面积，最大限度地补偿水分的缺乏，维持植物生长的需要。由此可见，沙生植物的根长，是对特定环境条件高度适应的结果。

仙人掌的叶子在哪里？

仙人掌的叶子退化成了刺

有的小朋友也许会感到奇怪，一般的植物都有叶子，而仙人掌却看不到叶子，它到底有没有叶子呢？其实，仙人掌是有叶子的，只不过它的叶子的形态和普通的植物不同。你注意到仙人掌身上的刺了吗？原来，仙人掌浑身的刺就是它的叶子。

仙人掌原产于北美，它的故乡是终年干旱少雨的大沙漠。在那里，普通植物很难生存下去，因为植物每天都要向外界蒸发出水分，一般植物叶子较宽大，蒸发的水分量十分大，干旱的土地又不能提供足够的水分，就会枯死，所以普通植物很难在这里落户。仙人掌为了能在沙漠生存下去，它把宽大的叶子退化成了浑身的刺，这些刺面积很小，而且又硬又尖，身体里的水分不容易蒸发出去，就不会干枯而死了。

同时，仙人掌身上的刺还有了不起的本领，它能从空气中慢慢地吸收水分，如果沙漠下雨，更能吸收雨水。因此，仙人掌的刺状叶子正是它适应生存环境的一种体现。

植物的叶子为什么会出现掌状分裂？

植物让大地披上了绿色的装束。植物的种类是丰富而繁多的，它们的叶子也是千姿百态的。各式各样的叶子就是大自然的杰作，它们巧妙地组成了形态各异的艺术图案。

叶子是千变万化的，有圆形、卵圆形以及椭圆形，还有披针形、匙形、镰刀形和提琴形的。叶子的边缘地方，有些是光滑的，有的好像波浪，有的则像是锯齿，有的会出现浅裂、深裂或是全裂，也有些呈深浅不一的掌状分裂，比如棕榈、蓖麻等，叶子缘都会有显而易见的分裂，从而就使整张叶子出现很多的缺裂。

枫叶

植物的叶子为什么会出现这样的现象呢？我们都知道，绿颜色的叶片是植物生产养分的重要器官。在光合作用的过程里，光是一个必要条件。植物的叶子扁平的结构可以扩大表面吸收光能，因此经过长期的演化，产生出了掌状分裂的叶形。这样的叶形既可以使叶子最大量地吸取光能，并且分裂后留下的缺损也不会完全地遮住下面的叶子接受阳光，因而可以保证光合作用充分进行。

除此之外，圆形的掌状叶每当遇到大风时，迎风的面积大而且容易被吹折，有了这些分裂缺裂以后，就可以大大地减少强风的危害。这些植物的叶片就这样经过长时间的自然选择而出现了掌状分裂。

为什么热天中午不宜浇花？

给花木浇水并不是浇了就可以，应根据季节和天气的变化适时地浇水。炎热的夏季最忌中午前后浇水，因为这时土壤温度高，与水温的温差大，此时浇水会使土壤温度骤然降低，花木根系受低温刺激，就会立即阻碍水分的正常吸收。所以炎热的天气应在早上10时以前或傍晚5时以后浇水。反之，冬季无冻土的地带，露地栽培的花木需要浇水时，应在中午前后进行。春、秋季宜在上午10时以后至下午4时以前浇水为好。

我国黄河流域以北的广大地区，冬季寒冷。在土壤冻结之前，栽培的花木都应浇足"冻水"，以保持土壤墒情，使花木安全越冬。在早春土壤解冻之初，还应及时浇足"返青水"，以促进花木的萌动。

热天中午不宜浇花

 为什么黑色的花特别少？

有许多植物都会开花，而且花的颜色五彩缤纷。植物花色的形成大多是受基因控制的，因此是可以遗传的。植株体内存在着花青素和类胡萝卜素。花青素是一种有机色素，极容易受环境的影响而变化，使植物花的颜色在红、紫、蓝之间变化，而类胡萝卜素本身就有60余种颜色，使花呈现黄、橙、红等许多不同的颜色。

世界上花的颜色虽然很多，但黑色的花却十分稀少。

紫色的花

我们都知道，太阳光由红、橙、黄、绿、青、蓝、紫7种颜色组成。花的组织，尤其是花瓣，一般都比较柔嫩，容易受到高温伤害。黑色可以吸收全部的光波，这样，花在太阳光下升温快，花组织容易受到灼伤，不利于花的自我保护，因此，黑花能自然保存下来的品种寥寥无几。

另外，要人为地创造黑色品种的花十分困难，即使通过杂交，获得黑花的概率也极其微小。所以在万紫千红的花卉中，黑牡丹等花因为稀少而变得十分珍贵。

红花

 高山的花为什么特别艳丽？

我国云南、四川等地有很多美丽的高山植物，它们的花朵色彩特别鲜艳、亮丽，比普通的平原地区的花卉漂亮多了。你知道为什么高山植物的花朵色彩特别艳丽吗？

原来，这是高山植物对环境适应的一种体现。我们知道，高山上的紫外线特别强烈，能使植物细胞的染色体受到破坏，阻碍核苷酸的合成，进而破坏细胞的代谢反应，对植物的生

菊呢

存是很不利的。

高山植物生活在这种严峻环境下，经过长期的适应，产生了大量的类胡萝卜素和花青素，这两类物质有一个共同的特点：能大量吸收紫外线。而类胡萝卜素和花青素的大量产生，又使花朵的色彩特别艳丽，因为类胡萝卜素使花朵呈现鲜明的橙色、黄色，花青素则使花朵呈现红色、蓝色、紫色等。花朵中有了这么多的色素，就会呈现出五彩缤纷的颜色。这样，花朵在阳光的照耀下，自然是艳丽夺目了。

 ## 为什么说王莲是莲中王？

在南美洲的亚马逊河流域生长着一种世界上最大的王莲。它的叶子直径有2米多，最大的可达4米。叶的边缘向上卷曲，很像一只巨大的木盆。王莲的叶子有很大的浮力，一个二三十千克重的孩子坐在叶面上玩耍也不会沉没。人们都称它为"莲花之王"。

王莲是水生植物，每年8月开花。花的样子很像荷花，可是其个头却是普通荷花比不上的。花柄和花托上的刺毛，一根根就像大钉子一般粗。

王莲的花很有趣，会按时按点地开放和"休息"。第一天晚上开放出一朵美丽的白花，第二天上午就闭合了，到了傍晚才又打开，此时花瓣已由白变红了，最后竟成了深红色。

王莲的果子圆圆的，因为每个果实中约有两三百粒种子，种子又含大量淀粉，所以人们又称它为"水中玉米"。

王莲

为什么说荷花是水中芙蓉?

荷花在中国有着悠久的历史。它盛夏开花，映衬在碧绿的叶片之中，微风送香，驱散了夏季的炎热。宋代诗人杨万里咏诗赞叹："毕竟西湖六月中，风光不与四时同。接天莲叶无穷碧，映日荷花别样红。"

荷花为睡莲科植物，它的地下茎横行于湖塘内的泥中，称为莲鞭。莲鞭的顶端数节，在夏秋间钻入湖底泥土的深处，逐渐膨大而成为人们喜欢食用的藕。在莲鞭的节上发生须根，扎根湖底；萌生叶片和花茎，挺立于水面

莲子

之上，风姿绰约。宋代理学家周敦颐在他的《爱莲说》中赞道："出淤泥而不染，濯清涟而不妖。"因此，荷花自古以来被我国人民推崇为洁身自爱、品格高尚的象征。

荷花浑身是宝，莲子是一种滋补品，藕是营养丰富的蔬菜，荷叶清香宜人，是做特色食品的辅料，它还可入药，可治疗高血压等许多疾病。

为什么说杜鹃花是"花中西施"?

"花中西施"出自大诗人白居易的诗句："花中此物是西施，芙蓉芍药皆嫫母。"意思是杜鹃乃花中西施，相比之下，芙蓉、芍药都不过是"老太婆"了。

杜鹃多数为小乔木或灌木，也有高大的乔木。杜鹃花是个大家族，全世界有850多种。我国是杜鹃花的主要产地，约有460余种。

云南产的杜鹃居全国之冠，约有250余种。每年春夏之交，姹紫嫣红，开满群山，见者无不惊叹。1919年，英国人在云南的高黎贡山上发现一株树高25米、干围2.6米、树龄280年的杜鹃花树，消息曾轰动一时，这株花树被人们称为"世

界杜鹃花王"。殊不知，当年英国人所发现的还不是世界上最大的杜鹃花树。1982 年 3 月上旬，在高黎贡山上人们又发现一株更大的杜鹃花树。这株树高 25 米以上，基部直径 3.07 米，树龄 500 年以上，比英国人当年发现的更高、更大、更老，是至今发现的世界杜鹃花树之王。经现代医学研究，杜鹃中的黄杜鹃、满山红、紫花杜鹃等 18 种杜鹃均可提炼制药，用来治感冒、慢性气管炎等症。

杜鹃花

 为什么说牡丹是"花中贵族"？

牡丹色、香、韵、形俱佳，历来被中国人民称作"花中之王"，誉为"国色天香"。牡丹是毛茛（gèn）科落叶小灌木，高的近 2 米，一般为 1 米左右。复叶、小叶大多三裂或五裂的形状，枝干遒劲有力。开花非常大，雍容华贵，有红、黄、蓝、白、粉、绿、紫等色，香气浓郁，沁人心脾，花形千姿百态，艳压群芳。牡丹原产我国西北部，经过历代花匠精心栽培，至今品种达千种，栽培地区也十分广泛。"洛阳牡丹甲天下"，古都洛阳自古就以培植牡丹著称。

牡丹在辛亥革命前曾被誉为我国的国花。近几年，在全国性的国花评选活动中，与梅花争艳，同为中选呼声最高的花种。牡丹的根皮简称丹皮，可以入药。丹皮含有牡丹酚原苷，经过水解后产生的牡丹皮酚，有解热镇痛、抑菌和降压的功效。

 ## 为什么要种植草坪?

世界上许多国家为了绿化城市，改善生态环境，为居民提供自然美的享受和蓬勃的生活气息，都特别重视草坪的建设。

草坪能给人以清新、凉爽和愉悦的感受，为人们提供一个愉快、干净、安全的工作和生活环境。绿茵芳草能像吸尘器一样净化空气、过滤灰尘，减少了尘埃也就减少了空气中的细菌含量。

草坪还是二氧化碳的最好消耗者。生长良好的草坪，每平方米 1 小时可吸收二氧化碳 1.5 克，每人每小时呼出的二氧化碳约为 38 克，所以如有 25 平方米的草坪，就可以把一个人呼出的二氧化碳全部吸收。由此可见，城市中的草坪对净化空气有何等重要的作用，这也是人们站立于大草坪上感到空气特别新鲜的原因。

草坪还能减弱噪声。一块 20 米宽的草坪，能减弱噪声 2 分贝左右。同时，草坪还能增加空气湿度，它能把从土壤中吸收来的水分变为水蒸气蒸发到大气中。

翠绿的草坪给人们带来舒适宁静的绿色空间，给城市带来了文明和优美的环境。但种草容易养草难。要保护好草坪，需要每个人的爱心。属于草坪的东西请勿带走，不属于草坪的东西也请勿留下，这是每个公民应具备的环境意识。

第六章

科技发明

🪐 什么是折射?

平静的水面会反射一部分照在它上面的光线,因此,池塘平静的水面上倒映着的树木与镜子反射出来的一样。然而,大部分的光线没有被反射,它们突然改变方向,进入水中时光线发生偏折,这就是折射现象。

由一介质进入另一介质时,光线在两者的界面会发生折射。例如,光线在空气和水的界面就会发生折射。光线的折射解释了:为什么一个浸在水中的物体看上去比它实际离水面的距离要近。也是因为这个原因,一支一半浸在水中的铅笔,在空气和水面的交界处,看上去像断了一样。折射的结果之一是太阳光的色散。彩虹的形成就是太阳光折射的结果。与反射相同,折射也用几何定律来测定。当光线穿过两个透明介质的界面时,它们既会被反射,也会被折射。

由于光线的折射,放入水中的吸管看上去像被折成两截。

🛸 什么是反射?

"当光线碰到障碍物时,它们会改变方向",这就是我们所说的光的反射。光线反射的方式取决于物体的性质。因此,一个光亮、平滑的物体,如小汽车的保险杠,与一个阴暗和粗糙的物体(如煤块),反射光的方式是不同的。这种方向的改变是可以计算的,它可以通过几何定律来测定。

反射解释了为什么我们可以在镜子中看到自己。我们脸部被光照射到的每个部位,向镜子反射出光线。然后,镜子把这些光线向特定的方向反射。我们的眼睛只接收到那些好像是来自自己形象的光线,于是,我们看见了自己。这也是反射的典型例子。

这个图像是不真实的,我们说这是一个虚像,它没有固定的位子。

为什么能用冰取火？

在 1600 多年前，我国晋代学者张华在他写的一本书里说，把冰块削成圆形，中间厚四周薄，向着太阳举起来，在圆冰下边的光斑上，放上容易着火的东西，可以燃起火来。

用冷冷的冰去引火，冰不是会融化吗？在清朝的时候，有的人去问当时著名的科学家郑复光。郑复光不迷信书本，决定自己动手试一试。他的实验是这样做的：找一把壶底微微向里凹的锡壶，往壶里灌上热水，放在冰块上旋转，把大冰

由于放大镜能够聚光，可以使物质发生燃烧现象。

块烫出两个光滑的凸面，做成一个很大的冰凸透镜。在阳光灿烂的时候，把冰凸透镜靠在一个小桌上，让它对准太阳，又把一个纸捻放在透镜的焦点上，一段时间后纸捻真的燃烧起来了。可是，冰并没有融化。

用冰取火的原理和用凸透镜取火的原理一样。爷爷的老花镜、放大镜都是凸透镜。把放大镜放在阳光下，你就会看到放大镜下出现了一个耀眼的亮斑，那个亮斑就是焦点。把火柴头放在焦点上，看！着火了。这就是凸透镜的聚光本领。冰凸透镜也有这个本领，所以它也能取火。

为什么运动的物体都有惯性？

我们乘火车或者汽车的时候，常常遇到这么一个情况，当急刹（shā）车时，人体不由自主朝前倾，甚至有时造成事故。这是为什么呢？原来是由于物体具有惯性。物体具有保持原有运动状态的性质叫惯性。在行驶的火车或汽车中，人和车原来具有相同的速度（运动状态），当急刹车时车的运动状态急剧改变，人仍然要保持原有运动状态（即速度），所以造成刹车时朝前倾的现象。惯性的大小用质量来表示，质量越大的物体，惯性越大。以同样速度行驶的空汽车和载重汽车，空车容易刹车、载重车难刹车，是因为载重车惯性大，运动状态难

以改变。物体静止时同样有惯性，质量较小的足球我们容易踢出去，而质量大的篮球踢起来就很困难。这是由于质量大的篮球保持原有运动状态——静止的能力强，不易改变的原因。

 ## 鸡蛋在盐水中能浮起来吗？

首先，当你把一个鸡蛋放入装有淡水的杯中时，鸡蛋很快就沉到水底，同时杯中的水位便升高了，而且水位上升的体积与鸡蛋的体积相等。但是，当你把多出的这些水取出来称时，你会发现这些水的重量比鸡蛋轻。

淡水中的鸡蛋沉在杯底

然后，你再把一个鸡蛋放入装有盐水的杯中，鸡蛋却能浮起来。这时，你再倒出与鸡蛋体积相等的盐水称一下，就会发现这些盐水比鸡蛋重。

盐水中的鸡蛋浮了起来来了。

一般来说，物体在水中是否下沉取决于物质的比重，比重比水大的就下沉，比水小的就不下沉。所谓比重，是指物质的重量和同体积的水在 4℃时的重量相比所得的比值。由于淡水的比重比鸡蛋小，所以鸡蛋就会下沉。而盐水的比重大于鸡蛋，当然鸡蛋就浮起

 ## 为什么鞭炮一点火就爆炸？

让我们"牺牲"一个爆竹做一下"解剖"，这个问题就解决了。

剥开爆竹的纸皮你就会看到，爆竹里是"一肚子"的黑色粉末——我国古代四大发明之一的黑火药。黑火药里，既有容易燃烧的硫黄粉、木炭粉，又有遇热能放出氧气助燃的硝石（硝酸钾）。做火药的师傅把这三种东西研成很细的粉末，各取不同的份数均

匀地混合在一起。

点着一些散开的火药面，它就会"呼"地一下着起来，并不爆炸。这是因为火药是散开的，它迅速地燃烧，产生的大量气体、烟尘能在敞开的空间自由膨胀的缘故。在密闭纸筒里的火药就大不一样了，燃烧的时候，火药放出的热量和大量气体急剧膨胀会形成强大的压力，最后终于冲破密闭的外壳，将爆竹的"肚子"撑开，"啪"的一声爆炸了。

爆竹从点燃到爆炸，时间很短，小朋友燃放时要注意安全。

什么是杠杆原理？

地球的质量是巨大的，可竟有人想移动它。阿基米德曾经对一位国王说："假如另外有一个世界，我可以到那里去，用杠杆来移动地球！"可见，杠杆的作用是惊人的。杠杆的基本原理是力乘力臂等于重力乘重力臂，要省力到几分之一，力臂应是重力臂长的几倍。假如我们要用 20 千克的力撬起 2 吨重的石头，力臂应是重力臂长的 100 倍。杠杆原理的应用在生活和生产中随处可见。老虎手钳剪铁丝时阻力大，它的手柄就较长；尖嘴手钳夹东西需要的力小，它的手柄就较短。用扳手拧螺丝

这种小推车利用杠杆原理，能装载很重的货物。

力臂长时就省力，力臂短时就费力。由动滑轮和定滑轮组成的滑轮组省力，实质上也是用的杠杆原理。

我们在做许多事的时候常会力量不足，因此需要一些工具来帮我们以更轻松或更快的方式完成任务。

为什么弹簧能伸缩？

物质都有自己的特性。你硬要把干木棍弄弯，木棍就会折断，因为木棍没有弹性。如果你想把橡皮筋弄弯，那就很容易了，不管你怎么摆弄，它都不易断裂，因为橡皮筋有弹性。

弹簧的伸缩性能很好，任凭你使劲拉、压，它都能恢复原样。当然，如果

拉力过大，弹簧就会被拉断。

弹簧是由许多连续的螺旋形圆圈形成的，稍微用力，它就能够伸缩。你用力将它拉长，它照样容易恢复原样。人们运用这个道理制成了体育用具——拉力器。

一般弹簧使用的材料是弹簧钢，它的特点是既结实又富有弹性。另外，弹簧也常用一种名叫磷青铜的铜合金来制作。这种铜合金一般用于怕生锈的地方，由于它比弹簧钢软，所以常被用在负荷小的地方。弹簧有好多种，有螺旋弹簧、涡卷弹簧和板弹簧等。

 ## 为什么物质没有氧气不能燃烧?

燃烧是可燃物质与空气中的氧气剧烈化合的反应。如果没有氧气，这种化学反应是无法进行的。也就是说，物质没有氧气是不能燃烧的。不过，物质燃烧除了需要有可燃性物质（燃料）和氧气以外，还要有超过燃点的高温，否则它们是不会自行燃烧的。

要使物质燃烧，就要在有氧气的地方加热，而要使物质继续燃烧，就要供给充分的燃料和氧气。

总之，物质燃烧需要具备三个条件：燃料、氧气和加热到超过燃点。

即使物质已经燃烧起来了，但如果将它的温度降到燃点以下，燃烧也是会中止的。

起先，火焰燃烧得明亮 —— 玻璃瓶 —— 当火焰耗尽玻璃瓶中的氧气时，水面上升，蜡烛熄灭

盘子内装着有色的水

氧气助燃
蜡烛在封闭的空间（例如玻璃瓶）内燃烧，它周围中的氧气逐渐耗尽。

消防衣是用什么材料做成的？

每当发生了火灾，消防队员接到报警后，就会穿着消防衣很快赶到，冲进火灾现场全力灭火。很多人不知道，消防队员为什么穿着消防衣就不怕火了。

我们平时穿的衣服，是由各种各样的材料制成的。有的是用棉花做的，有的是用蚕丝、羊毛做的，有的则是用化工原料做的，如尼龙、涤纶、腈（jīng）纶等。不过，所有这些衣服的原料都有一个共同的缺点，就是害怕火烧。据不完全统计，被火灾烧成重伤的人中，竟有33%是因为自己的衣服燃烧后造成的。

消防队员担负着救火抢险、保护人民生命财产的重要任务，如果他们也穿着易

防火服

燃的服装，那显然是不能执行救火的艰巨任务的。人们经过试验发现，一件用棉花做的衣服在400℃的温度中就会变焦、发黑，化纤制的衣服就更不用说了，可是用石棉做的衣物，在1000℃的高温下也能耐得住。于是人们就用石棉经过加工纺织成石棉布，用石棉布再做成消防队员穿戴的衣帽、手套等防护品。有了这些不怕火的衣物保护，消防队员就不怕大火和高温了。

为什么说液晶既不是晶体也不是液体？

人们通常把固体分为两大类：晶体和非晶体。晶体具有规则的几何外形。当被加热到一定温度时，晶体会在熔点处开始熔化，直至最后变为液体。此外，晶体还有一些古怪的特性，例如石墨晶体在加热时，它会在某些方向膨胀，而在另一些方向竟然会收缩；在平行于薄片平面的方向上容易使云母片裂开，而在垂直方向上却要用很大的作用力才能使薄片分裂成两半。晶体的这种特性称为各向异性。

相反，非晶体就表现为各向同性。不过，人们后来发现，某些晶体在熔化为液体的过程中会出现两个熔点。在两个熔点处，晶体所处的状态是不同的。

当温度达到第一个熔点时，晶体熔化为一种混沌黏稠的液体，而当温度升高至第二个熔点时，液体变得明澈清晰起来。我们把第一个熔点称为晶体的熔点，第二个熔点称为晶体的清亮点。在温度介乎熔点和清亮点之间时，晶体所处的状态就称为液晶态。处于液晶态的物体，既具有液体的流动性也具有晶体的各向异性。但是普通的液体是各向同性的，因此液晶不是液体，而完全的晶体是有一定几何形状的，因而也不能把液晶归入晶体。

为什么材料也会有记忆？

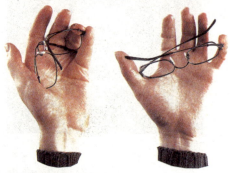

镍钛合金眼镜

记忆合金是 20 世纪 60 年代出现的一种合金材料，它有一种能记住自己形状的特性，所以人们叫它"记忆合金"。

30 多年前，美国有个叫比勒的冶金学家，有一次他在试验镍钛（niè tài）合金时，发现这种合金被加热时，敲打它会发出清脆的声音，放冷后则发出沉闷的声音。为什么温度不同时声音会不一样呢？他经过研究，发现原来奥秘存在于材料的内部结构上。有一类合金材料，它在一个特定温度区域内，存在一定的内部结构的特殊变化。在冷却到某一温度以下时，它的晶体结构不稳定。这时它具有很大的可塑性，在外力下，它易变形。而一旦除去外力，温度上升到特定温度时，不稳定结构又会变成稳定的结构，它就恢复原形。于是，科学家把这种能恢复自己形状的效应叫做"形状记忆效应"，把有这类特性的合金材料叫做"记忆合金"。

照相机镜头为什么有一层膜？

早在 19 世纪末期，照相机发明没多久，科学家泰勒无意中发现了一件很奇怪的事。他用照相机拍照，结果发现用脏镜头拍出来的照片反而更清晰，效果更好。不过，他没有进行深入的研究。

40 年以后，这一现象引起了另一位科学家鲍尔的注意。他进行了研究，并且拍了许多张照片。结果，鲍尔发现了这样一个秘密：在镜头上加一层膜，反光性虽然差了，看上去镜头不很光亮，但实际上却大大地增加了透光性。在镜头上涂了一层薄膜，从薄膜的上表面和下表面反射出来的某种颜色的光就有可能互相抵消。在反射的光中，就没有这种颜色的光了，那么这种颜色的光躲到哪儿去了呢？原来它们都透过薄膜钻入镜头中去了，所以透过镜头的这种颜色的光就被加强了。

照相机镜头

从此以后，人们在制造照相机的时候，往往在照相机的镜头上镀上紫色的薄膜，使得拍出来的照片更加清晰、更有层次，效果更佳。当然，这层薄膜的加工在技术上的要求是很高的。

 ## 干粉灭火器为什么能灭火？

以前，我们在灭火的时候使用的都是泡沫灭火器，但在使用时，泡沫灭火器会将能够导电的水溶液随二氧化碳一同喷出，所以在有些火灾现场不能使用。

随后发明的干粉灭火器就没有这个缺点了。干粉灭火器由两部分组成：一个较小的钢瓶和一个较大的机桶。人们给二氧化碳气体加压，将其转化为液态，注入小钢瓶中，再将粉状的小苏打填入机桶内。使用时，打开小钢瓶的开关，具有很强压力的液态二氧化碳在迅速减压时转化为气态，并带动干粉从喷嘴急速喷出。大量的二氧化碳气体围绕在可燃物周围，将其与空气隔离，使可燃物失去了支持其燃烧的氧气，同时小苏打粉也覆盖在可燃物上，

灭火器

像一层厚厚的铠甲将可燃物罩住。另外小苏打本身对热不稳定，遇热极易分解产生出二氧化碳，可不断补充可燃物周围的二氧化碳气体，将大火扑灭。

不过，对于能够在二氧化碳气体中燃烧的金属所引起的火灾，干粉灭火器就无能为力了。

 电灯是如何发明的?

　　电灯是人们生活中必不可少的照明工具,它是由美国著名科学家爱迪生发明的。爱迪生从小就十分喜爱科学,喜欢钻研,因此也发明了很多东西,对人类做出了相当大的贡献。19世纪中期,世界上仍然没有电灯。夜晚,人们只可以在烛光或者黑暗中摸索着生活。有一次,爱迪生在一本杂志上看到:有人发明了碳丝电灯。他就觉得这种电灯寿命太短,

爱迪生发明电灯

很不实用。有没有更适合做电灯材料的东西呢?他开始查资料、写笔记、做试验,并付出了许多的心血。他与助手们试验了七千多种耐热材料,花费了大约十三年的时间,最终做成了实用的白炽灯泡。从而使电灯真正进入了千家万户。

🪐 麻醉药是如何发明的?

华佗像

　　华佗是我国东汉时期著名的医学家,擅长针灸以及外科手术。他所发明的全身麻醉剂是整个世界医学史上的伟大创举,比西方要早一千六百多年。

　　华佗在行医的过程中,为了能减轻病人手术时的痛苦,于是利用中草药配制了一种可使全身麻醉的药剂,叫"麻沸散"。他用自制的麻沸散成功地进行了腹腔肿物摘除和胃肠吻合等大型手术。在进行手术之前,他先让病人用酒冲服麻沸散,等到病人失去知觉以后,就用刀剖开病人的肚子,

然后把肿瘤割掉；如果是肠胃有病，就要把胃切开，除去疾病以后，再缝合，然后在切口处敷药膏。大约一个月，病人就可以痊愈了。在手术过程中，由于麻沸散的作用，病人丝毫感觉不到疼痛。

火药是如何发明的？

火药属于我国古代四大发明之一。最早的火药是出自炼丹家之手。"丹"是人们认为可以使人长生不老的药。封建帝王们都希望自己长生不老，于是就出现了很多炼丹家。到秦汉以后，炼丹家就用硫黄、硝石等炼丹。在炼丹过程中也会发生爆炸，从这种现象中人们得到启示。于是经过反复实践，最终找到了火药的配方。因为炼制的药物可以着火爆炸，所以人们就把它叫"火药"。唐朝时，火药就开始被应用到军事上。打仗时，把点着的火药包抛出来烧伤敌人。宋代同金人作战时曾使用过的火

用于古代军事上的"神火飞鸦"

药器，就是人类第一次使用火药制成的武器。到了 13 世纪末，我国的火药制造技术逐渐传入了欧洲。

炸药是如何发明的？

诺贝尔奖是现在世界科学界的最高奖项。它是由瑞典化学家及炸药的发明者诺贝尔设立的，它大大促进了人类文明的进步及发展。

诺贝尔从小就和父亲一起研制炸药，在外面考察时，他曾经亲眼目睹过矿山工人劳动的艰辛，因此产生了利用爆破来减轻工人劳动强度的各种想法。他全神贯注地投入到炸药的研制中，经历过许多次的失败。在试验过程中，他父亲受伤，弟弟也因此而丧生。他的研究也遭到了政府的阻挠，但是他仍然不屈不挠，乘船在水上继续进行试验，经历了几年的艰苦努力，最终研制成功了

对事业充满信心的诺贝尔

科普知识问与答 >>

烈性炸药。这种炸药迅速被应用到开矿和筑路上，因此他也被誉为"炸药大王"。诺贝尔终生未婚，他把整个生命都献给了科学事业。

电视机是如何发明的?

贝尔德正在调试电视

发明电视的人叫做贝尔德。他出生于英国，并且从小体弱多病，因此他无法正常学习及工作，可是这却磨炼了他克服种种困难的勇气及毅力。在他的一次辞职养病期间，他一位朋友的话启发了贝尔德，于是他决心研制用电来传播图像。他卖掉了仅剩的一点财产来购买设备。他的小屋既是卧室又是实验室。当他没有钱买试验器材时，他就用旧电扇马达以及旧茶叶箱、旧帽子盒盖等代替。在历经长达5年的研究实验，并且遭受许多失败之后，最终在1928年贝尔德用短波从伦敦成功地向纽约传送了图像。自此以后，电视事业快速发展起来。

谁发明了输血术?

世界上第一次成功的输血大约是在1665年进行的。当时，约翰·威尔金斯用一支羽毛管和一个膀胱取出一只狗的血，输进另一只狗的静脉内。直到19世纪，医生约翰·利科克重新对用输血治疗大量失血产生兴趣。他认为，在两个同种动物之间输血是安全的。他用一个注射器抽出他助手们的血液，输进他知道将要死去的病人体内。1829年，他成功地把助手的血液输给一位产后大出血的妇女。这位妇女因此而得救了。

然而，当进行更多例的输血后，问题出现了。

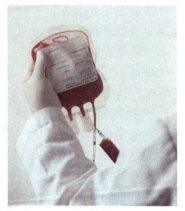

输血

有时输入的血液可成功地混合，但有时也会凝结起来。这个难题后来被研究血型的杨斯基和卡尔·兰德施泰纳解决了。

谁发明了听诊器？

医生用听诊器为病人听诊

两百多年前，法国有一位名叫雷奈·利奈克斯的青年医生正在为挽救一个心脏病患者伤透脑筋，因为这个妇女很胖，当时又没有听诊器，根本听不清心脏的跳动情况。

有一天，他领着小女儿在公园里玩，看到一群孩子在做游戏，一个孩子在跷跷板的一头用钉子敲打，另一端的孩子把耳朵贴在板上倾听，"听见了！听见了！"孩子们喊叫着。利奈克斯走上前去，学着孩子们的姿势，跪下一条腿，把耳朵贴在木头上。果然，一阵清脆的敲打声传入耳中。为什么几米长的木头会把声音清晰地传过来呢？整天为"听不见"而苦恼的利奈克斯突然受到启发，决心制造一种能"听"心脏跳动的工具。

后来，利奈克斯在一根细长的用洋杉木制成的空心直管的两端各安一个喇叭形的听筒，一头贴在病人的胸部，另一头贴在自己的耳朵上。经过反复试验，他终于听到了病人心脏跳动的声音。利奈克斯高兴极了，把它称为"胸部检查器"——这就是世界上最早的听诊器。

谁发明了印刷术？

在雕版印刷书籍出现以前，社会上已经广泛应用印章和拓碑。我们的祖先就是在拓碑和印章这两种方法的启发下，发明了雕版印刷术。

当时雕版印刷术的方法是这样的：把木材锯成一块块木板，把要印的字写在薄纸上，反贴在木板上，再根据每个字的笔画，用刀一笔一笔雕刻，刻成阳文（凸出为阳文，凹进为阴文），使每个字的笔画凸出在木板上。印书的时候，先用刷

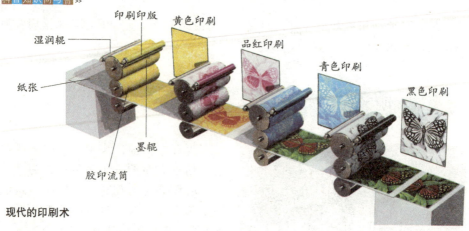

现代的印刷术

子蘸上墨，在雕好的板上刷一下，接着用白纸覆在板上，另外拿一把干净的刷子在纸背上轻轻地刷一下，把纸拿下来，一页书就印好了。因为这种印刷方法是在木板上刻好字再印的，所以称为"雕版印刷"。

现在保存下来的我国最早的雕版印刷书籍是 868 年刻印的《金刚经》。这也是世界上现存最早的雕版印刷书籍。北宋庆历年间（1041 年 ~ 1048 年），我国的毕昇发明了活字印刷术，它的技术与现代印刷术基本一致，比德国人古登堡发明活字印刷术早 400 年。但遗憾的是毕昇的活字印刷术在我国近代以前并未得到普及。

计算机是怎样发明的？

19 世纪时，英国发明家查尔斯·巴贝奇曾得到洛夫莱斯伯爵夫人埃达（亦以埃达·奥古斯塔而出名）的协助，设计了一部巨大的机械"计算发动机"。它满是控制杆和嵌齿轮。有些人把这台机器看作第一台计算机。

真正意义上的计算机是约翰·莫奇利与约翰·埃克尔特领导的一群美国科学家研制出来的。他们在 1942 年—1946 年间建造了该计算机，并给它取名为"ENIAC"（即

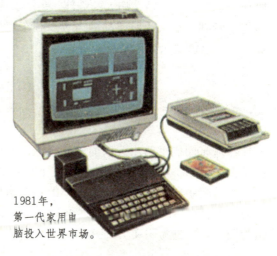

1981 年，第一代家用电脑投入世界市场。

电子数值积分计算机）。它远远不同于如今强有力的台式机。它的重量达到好几吨，体积有几间房子大，可是仅能存储少量的数字和字母。

ENIAC 的极小存储量意味着它很难使用。另外它还非常不可靠，因为它装有约 1.8 万个电子管，这些电子管很容易过热，并且需要经常更换。但那是一个开端，ENIAC 能在 0.2 毫秒内算出两数之和，这意味着它 1 天能做的计算相当于人类一个数学家花 1 年时间所做的。

后来计算机的发展是从使它用起来更为方便着手的，人们在计算机中存入了"程序"，或者说发布一系列让计算机做什么的指令，寻找到了增加计算机存储量的途径，加上了诸如键盘这样的器械，这样使计算机所需数据的输入变得更为容易。

约翰·莫奇利在操作ENIAC，那些必须输入的数字使用了几百个标度盘。与今天的键盘相比，这些处理是费时费力的，但在那时却具有革命性。

计算机的突飞猛进是与晶体管在 1947 年发明出来分不开的。这项发明为电子管提供了较小的替代物，它体积小，成本低，速度快，不容易坏，是非常理想的材料。很快计算机变得体积越来越小，速度越来越快，性能越来越好，价格越来越低，进入了千家万户。

居里夫妇是怎样发现镭元素的？

德国物理学家伦琴于 1895 年发现了 X 射线，1896 年，法国科学家柏克勒尔发现了含铀物质的自发放射。居里夫妇决心探索这其中的秘密，他们选择铀射线为科研项目，以发现铀沥青矿里所含有的强烈放射性的新元素。他们首先发现了一种新的放射性元素，为了纪念祖国波兰，居里夫人把它命名为钋；之后他们又发现了放射性更强的镭，并决心把镭提炼出来。由于买不起含镭的铀矿石，他们只好利用廉价的铀沥青残渣，借一间不蔽风雨的厂棚作实验室。冒着酷暑严寒，使用极其简单的工

居里夫人像

具，忍受着刺鼻的气味，经过 54 个月的辛勤努力，终于从几十吨铀沥青残渣中提炼出 0.12 克氯化镭，并精确地测定镭的原子量为 225，放射性比铀强约 200 万倍。1903 年，居里夫人获得博士学位。同年，因对放射现象研究做出突出贡献，居里夫妇被授予诺贝尔物理学奖。自从放射性元素特别是镭被发现后，放射学和粒子物理学由此诞生。

 为什么瓦特发明的蒸汽机能提高效率？

早在 1698 年，实用的蒸汽机经英国技师塞维莱发明和铁匠纽可门改进后，被许多企业相继采用。但这种蒸汽机耗煤多，效率低，只能做往复直线运动，不能做旋转运动。作为一名技师，瓦特在修理蒸汽机时，精心研究了它在工作原理上存在的缺陷，发现效率低的主要原因在于绝大部分蒸汽没有被利用。据此他发明了和气缸分离的冷凝器，能将高温蒸汽从气缸中导出并冷却，因而大大提高了蒸汽机的效率。后来他又先后完成了与蒸汽机结构配套的一系列重大发明，由此，瓦特完成了对蒸汽机的整个发明，并制成了第一

瓦特像

部高效率、连续运转的双动作现代蒸汽机。从此以后，人类社会进入了"蒸汽机时代"。

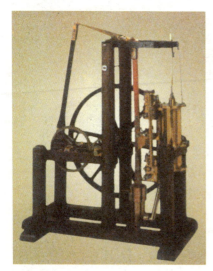

蒸汽机

蒸汽机的发明有很大的历史作用，它曾推动了机械工业甚至社会的发展，解决了大机器生产中最关键的问题，推动了交通运输空前的进步。随着它的发展而建立的热力学和瓦特在改良蒸汽机机构学为汽轮机和内燃机的发展奠定了基础；汽轮机继承了蒸汽机以蒸汽为工质的特点，和采用凝汽器以降低排汽压力的优点，摒弃了往复运动和间断进汽的缺点；内燃机继承了蒸汽机的基本结构和传动形式，采用了将燃油直接输入汽缸内燃烧的方式，形成了热效率高得多的热力循环。同时，蒸汽机所采用的汽缸、活塞、飞轮、飞锤调速器，阀门和密封件等，均是构成多种现代机械的基本元件。

第七章

军事航天

 ## 什么是隐形手枪?

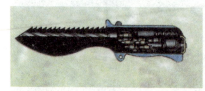
匕首手枪

隐形手枪是把形状设计制造成日常用品外观的手枪。这种手枪结构设计巧妙,制作精细,便于携带,容易混过侦检,是间谍人员常用的武器,因此又叫"间谍手枪"。它口径小、射程近,是面对面的杀伤武器。它的制作原理千差万别,外观与日用品一样,有钢笔、提包、钥匙、打火机、手杖、烟斗、香烟盒、照相机等许多种外形。为防止使用时暴露自己,有的还装有消音器。还有的隐形手枪可以发射剧毒弹头、喷射毒液、高压电流等。隐形武器也有向大型化发展的实例,国外曾发现伪装于旅行包中的冲锋枪和伪装在高级轿车中的机枪。

打火机枪和香烟枪

 ## 什么是自动手枪?

自动手枪是射击中在火药气体的作用下,可实现再次装弹入膛的手枪。它分为两种:一种是只能打单发的半自动手枪,又称自动装填手枪。由于半自动手枪使用最为广泛,习惯上也称为自动手枪。另一种是可以打连发的全自动手枪,又称冲锋手枪。自动手枪的口径通常为 7.62 毫米 ~ 11.43 毫米(其中 9 毫米的最为多见),长 200 毫米 ~ 300 毫米,重约 1 千克,大多采用装于握把内的弹匣供弹,容弹量通常为 8 发,打单发时射速约 40 发 / 分,有效射程约 50 米。自动手枪出现于 19 世纪末,由于它具有装弹快、容弹多、射速快、威力大等特点,很快在世界各国都开始使用,以此取代了转轮手枪。有的全自动手枪(冲锋手枪)在必要时可加装肩托,用双手握持抵肩射击,有效射程可增加到 150 米,所加肩托一般由枪盒或其他附件(如匕首等)兼做。连发射击时火力猛、射速快,

奥地利格洛克20型自动手枪

有的射速高达 110 发 / 分。世界上最早被广泛使用的冲锋手枪是 1932 年德国制造的毛瑟冲锋手枪。

什么是转轮手枪？

转轮手枪是带有转轮式弹膛的手枪，属于转膛枪的一种。转轮上通常有 5 ~ 6 个弹膛，在发射过程中转轮自动转动，逐个对正枪管发射。转轮手枪分单动式和双动式两种。单动式转轮手枪发射时，需先用手压倒击锤，同时带动转轮转动到位，再扣扳机击发；双动式转轮手枪发射时，在手扣扳机的同时，击锤自动待击，转轮转动到位并自动击发。双动转轮手枪也可以单动射击。后期转轮手枪人多采用双动式。自从 1835 年美国人 S·柯尔特成功改进了第一支转轮手枪之后，转轮手枪曾风行一时。由于转轮手枪使用可靠，处理瞎火弹十分方便，至今在一些国家仍有使用。

转轮手枪

 ## 预警飞机为什么要背个大圆盘？

预警飞机在现代空战中负责在高空中掩护战斗机群，任务十分重要。预警飞机可以及时发现敌机的动向，引导己方的飞机抢占有利位置。从外形上看，预警飞机背上有一个蘑菇状的大圆盘，你知道这是为什么吗？

原来，这个大圆盘是预警飞机的雷达天线罩，里面装有监视雷达天线和敌我识别天线。早期预警飞机的大圆盘是固定的，装在里面的天线不停地转动，向周围空间发射强大的雷达电波，进行搜索作业。最新的预警飞机上的大圆盘

美国E-3A飞机

已能跟里面的天线同步转动，以增加雷达的灵敏度和抗干扰性。雷达电波碰到物体就产生回波反射，回波被预警飞机的雷达天线接收后，飞机上的滤波器分滤出正在飞行的敌方飞机或导弹等的回波，把目标显示在荧光屏上，并将有关数据输入电子计算机系统。这样，无论是飞机还是导弹，都将被预警飞机识别出来。预警飞机针对不同目标，指挥和引导自己的飞机和导弹进行拦截和攻击。

你认识冲锋枪吗？

冲锋枪，顾名思义是供士兵冲锋时使用的一种轻型自动枪械。科学地说，它是以双手握持发射手枪弹的全自动武器。双手握持射击是它与手枪的主要区别。而发射手枪弹则是它与自动步枪的主要区别。它产生于第一次世界大战，在西班牙内战与第二次世界大战中被广泛应用。由于它在西班牙内战中发挥了很重要的作用，所

分解后的美国卡利科冲锋枪

以有"冲锋枪加手榴弹近战金不换"的说法。第二次世界大战中全世界共生产了 2000 万支各式冲锋枪，其中有波波沙 41、M3、司登、MP38 与 MP40 等型号。

无声手枪为什么没有声音？

大家都听说过无声手枪，顾名思义，就是指它在射击时没有声音。其实，无声手枪也不是一点声音都没有，只不过声音很小罢了。

无声手枪之所以无声，奥妙就在于它的枪管外面附加了一个消声筒。消声筒是由十几个消音碗连接而成，消音碗好似无底的小碗装在消音筒内。当高压气体从枪口喷出，每遇到一个消音碗，气流便在该处膨胀一次，消耗一部分能量。经过若干次膨胀后，高压气体到达消音筒的出口时，其压力、速度和密度已降到和外界空气差不多了。这样一来，如果用无声手枪在室内射击，室外听不到声音；在室外射击，室内听不到声音。在一定距离上，白天看不见火焰，夜晚也看不到火光。

无声手枪

由于采取了消声措施，无声手枪的弹头初速度较小，自然，无声手枪的有效射程也相应缩短了，所以，无声手枪只适用于近距离作战。

为什么狙击步枪能一枪夺命？

狙击步枪是狙击手专用的远距离高精度步枪，用以对 600 米 ~ 1000 米内单个重要目标（如指挥员、观察哨、机枪射手等）实施精确射击。据越南战争统计，狙击步枪平均发射 1.3 发子弹，就可以消灭 1 个敌人，以致有人称它为"一枪夺命"的武器。海湾战争中，美国曾将陆军近 1/4 装备 M24 式狙击步枪

美国最先进的TANG051狙击步枪

的狙击手派到战场。战后，狙击步枪，尤其是 12.7 毫米与 12.7 毫米口径以上的大口径狙击步枪"火"了起来。

为什么有的坦克能在陆地和水中行驶？

水陆两用坦克是一种既能在陆地上行驶，又能在水中航行、作战的坦克。人们为了提高水陆两用坦克在水中的浮力，采用了薄型钢板制作外壳，车体设计成又轻又长，前部呈船形。所有拼接部位都焊接起来，防止漏水，使坦克具有良好的密封性，以增加坦克的浮力。坦克的动力则采用了多种多样的方案。有的坦克采用了特制的履带，犹如水车的水斗，通过履带的旋转，履带片不断把水排向后方，从而推动坦克前进。有的则在坦克的尾部装上螺旋桨推进器，发动机通过传动装置带动螺旋桨转动，坦克就像船一样前进了。还有的装上了喷水式

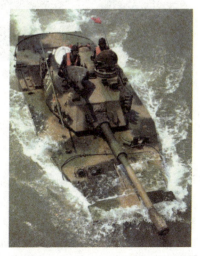

推进器，通过向后喷水获得反作用力，推动坦克行驶。

 坦克车上为什么要装履带？

　　坦克车是陆军作战的常规武器，它全身都由钢铁构成，最普通的轻型坦克也有二三十吨重，重型坦克重达五六十吨。如此重的庞然大物，在道路上行驶的时候，如果安装轮胎，就很难飞快行驶，要是遇到坑坑洼洼的泥泞路面，就更加寸步难行了。

英国"奇伏坦"主战坦克

　　为了解决这个问题，让坦克在任何路面上都能自如行进，科技人员想到了给坦克安装履带。我们都知道，物体在作用力相同的条件下产生的压强大小跟物体的接触面积有关。接触面积愈大，压强愈小；接触面积愈小，压强愈大。履带就是应用了这一原理。其实，履带的构造并不复杂，履带首尾相连，环绕在轮子的外廓。坦克发动机开动后驱动主动轮，主动轮又驱动履带，推动车身前进。坦克的全部重量通过轮子集中在两条与地面直接接触的履带上面。由于履带与地面的接触面积较大，因此地面单位面积上承受到的压力就很小了。所以，尽管坦克很重，但因为受力分散，它的时速依然可以达到 60 千米以上。

前苏联T54/55系列坦克

什么是火箭炮？

　　火箭炮是一种压制敌方进攻，同时协助己方进攻的大面积射击武器，是对付暴露的集群目标的有效武器。

　　1939 年，苏联研制成 M–13 式火箭炮，当时人们给它取了一个十分动听的名字，叫"喀秋莎"。它最大射程为 8500 米，一次齐射可发射直径 132 毫米的火箭弹 16 发。在第二次世界大战中,"喀秋莎"曾把纳粹德国的机械化快速部队打得溃不成军。后来,各国也陆续研制出自己的火箭炮。

"M270" 12 管火箭炮
它是目前世界上最先进的多管火箭炮,由美国、法国、英国、意大利、德国共同研制。

火箭炮分为自行式和牵引式两种,以自行式居多。火箭弹分为杀伤火箭弹和特种火箭弹。火箭炮有许多优点,它配备了多个发射管,而且不需要笨重的炮身,并设有反后坐力装置,可以发射弹径较大、多发联装的火箭弹。它发射速度快、火力猛、突击性强,具有相当大的覆盖面,可以用来打击具有一定面积的目标。

 ## 为什么说武装直升机是"坦克杀手"?

坦克是个"乌龟壳",能打善跑,防护力强,堪称"陆战之王"。然而,人们做梦也没想到,坦克出世几十年之后,居然碰上了一个有"鹰"之称的强劲杀手——武装直升机。从此,拉开了"鹰""龟"之战的序幕。

一开始,武装直升机打坦克的优势并不明显。虽然它比坦克跑得快,但导弹太少,打完了两发导弹便无力还手,只好打了就溜。后来就不同了,一架武装直升机可以携带 16 枚反坦克导弹,也可携带 70 ~ 80 枚反坦克火箭,还可用高射速航炮进行攻击,火力十分强大。武装直升机同坦克交战,每摧毁 19 ~ 20 辆坦克,才有可能损失一架。如果在 3000 米之外攻击坦克,武装直升机便平安无事,不会有损伤。海湾战争的实战结果表明,美军一次出动 36 架"阿帕奇"武装直升机,便轻松地摧毁了 84 辆坦克。在伊拉克被摧毁的 3000 多辆主战坦克中,有 2000 多辆是被武装直升机摧毁的。"鹰""龟"之战的结果表明,武装直升机确实是"坦克杀手"。

美国AH-64D"长弓阿帕奇"反坦克武装直升机

 飞机的型号是怎样确定的？

　　每个国家都对自己研制和使用的飞机有专门的名字和代号。我们普通人很难明白飞机代号的意思。其实，这里面是有规律可循的。

　　目前，最典型的飞机型号编制方式是根据不同用途，以英文字母作为机种的代号，用数码表示设计的先后顺序。如果飞机执行的任务发生了变化，或在原来的基础上进行改进，则

美国A–7舰载攻击机

分别在机种字母的前面或数码的后面加新的字母，以示区别。例如：A– 攻击机，B– 轰炸机，C– 运输机，E– 电子战飞机，F– 战斗机，H– 直升机，K– 空中加油机，等等。在一般情况下，飞机编号是由 3 个代号组成的。例如：F–16C，表示这种战斗机是第三次改进型；C–130E，表示这种运输机是第五次改进型。由于任务的变更，还会出现由 4 个代号组成的飞机编号。例如：AV–8B，表示这种垂直起降飞机是用于执行攻击任务的，而且是第二次改进型。了解了飞机编号的这些基本原则，你就不会再对飞机感到陌生了。

 潜艇是怎样在水下发射导弹的？

　　潜艇在水下也能发射导弹，但由于受环境的限制，在水下发射导弹要困难许多。你知道潜艇是如何在水下发射导弹的吗？

中国弹道导弹核潜艇

　　在水下发射导弹，首先要克服的是水的阻力。因此，在发射前需要用压缩空气向密闭的发射筒内充气，使筒内的气压与海水的压力相等。这样，打开发射盖时才能保证海水不流入发射筒内。发射时，第一级火箭不能在水下点火，而要用压缩空气或高温高压蒸汽把导弹从发射筒内推出。导弹在巨大的推力

作用下，才能冲出水面，进入空中。此时，第一级火箭才开始点火，推动导弹
按预定程序飞向目标。

　　导弹在水下发射，对水深也有严格要求，发射深度应在 30 米左右，发射海
区的水深要超过 100 米。此外，潜艇发射导弹时的航速也不宜太快，海浪也不
能过大，否则会影响导弹的准确性。

有的航母为什么要侧身前进？

　　在现代设计中，所有大型航空母舰都采用直、斜两段式飞行甲板。直通式
甲板在军舰的前部，专供飞机起飞时使用；斜角甲板位于直通式甲板的左侧，
并与之形成一个夹角，是飞机的降落区。

　　这样的设计带来了另外一个问题，设计者无法同时实现飞机迎风起飞和逆
风降落，因为在同一时间风是不可能同时从两个方向吹来的。为了解决这个问题，
人们操纵航空母舰使起飞区迎着海风，这样就可以满足飞机逆风起飞的要求了。
另外，又操纵航空母舰侧身前进，使其航行的方向与斜角甲板的轴线一致。这样，
由于航母在水上运动时本身有一个速度，就使得与军舰构成相对运动的气流能
以同样的速度通过降落区的斜角甲板。于是，飞机从舰尾降落时，也可以迎着
航空母舰航行时产生的相对气流降落了。

　　这样一来，就相对满足了飞机迎风起飞和逆风降落的要求。

"杜鲁门"号航母

空地导弹是怎样的?

空地导弹是从空中航空器上发射,攻击地面、水面目标的导弹。由弹体、制导装置、动力装置和战斗部组成,是航空兵进行空中突击的主要武器之一。空地导弹按任务范围分为战略和战术空地导弹。按用途分为反舰、反潜、反雷达、反坦克空地导弹和多用途导弹等。战略空地导弹多采用自主式或复合式制导,重量为1吨~10吨,最大射程2500千米,速度可达3马赫(马赫等于声音的传播

俄罗斯KH-29(AS-14)TE近程空地导弹

该弹弹长4.35米,发射重量680千克,弹头重317千克,最大射程10千米。

速度,即344米/秒)以上,通常装核战斗部;战术空地导弹,多采用无线电指令、红外、电视、激光和雷达控制方向和速度,动力装置多为固体燃料火箭发动机,重量为数十至数百千克,射程多在100千米以内。空地导弹的发展趋势,主要是增大射程和速度,进一步提高抗干扰、突防和攻击多目标的能力。

未来的空天飞机是什么样的?

21世纪初出现了一种称为"东方快车"的空天飞机,它兼有航空飞机和航天飞机的特点和功能。"东方快车"空天飞机既有比火箭更快的速度,又有比航天飞机更灵活的返回能力。它能像普通飞机那样从地面水平起飞,以高超音速在大气层内飞行,并直接加速进入地球轨道成为航天飞行器,完成任务后返回大气层水平着陆,达到重复使用的目的。

目前美国正研制一种名叫X-30的试验型样机,时速为2.9万千米,是今天飞机速度的10

欧空局的"海尔梅斯"号空天飞机

倍多，2 小时内就可不着陆飞越太平洋。它全长 20 ～ 45 米，起飞重量 90 吨，可载 2 人，目前正在进行试验飞行。"东方快车"空天飞机就是在它的基础上研制，很快就可以问世，往返航行于天地之间。

除美国外，欧洲空间局、俄罗斯、日本的科学家也在加紧研制自己的空天飞机。

为什么中子弹会"有选择"地杀伤？

大家都知道，普通的核武器不仅能杀伤人员，而且也会对周围的建筑物和各种设施造成破坏。同时，由于核爆炸所造成的放射性沾染，也使己方部队不能迅速进入爆炸地区。后来，人们又发明了一种专门用于对有生力量进行杀伤，而放射性沾染危害小的中子弹。

与普通核武器相比，中子弹在爆炸时，冲击波、光辐射、放射性沾染的杀伤破坏作用比一般核弹要小得多，而放出的大量高能中子的贯穿辐射却十分强，相当于普通核弹的 8 倍以上。对付暴露的目标十分有效，方圆 200 米以内的人员都不能幸免，方圆 800 米以内的人 5 分钟内便丧失活动能力，一两天内死亡。

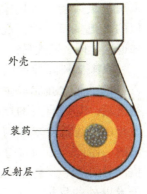

中子弹内部构造

中子弹的中子流和射线还可以毫不费力地穿透坦克的装甲、掩体和坚固的水泥工事，使其内部的人员莫名其妙地死去。而坦克、建筑物和武器装备却完好无损。这对于清理战场、战后重建都有重要意义。

导弹有哪些类型？

导弹是能按一定轨道高速飞行的武器，它装有弹头和动力装置，并能通过无线电装置、飞行控制系统控制和引导。依靠控制系统的制导，弹头能准确地击中预定目标。导弹首次出现于第二次世界大战中。战后，导弹武器在种类、性能、数量等方面迅速发展，成为现代战争中不可缺少的重要武器。

按作战使命的不同，导弹可分为战略导弹和战役战术导弹两大类。战略导弹包括为了达到战略目的而

从发射井下发射的导弹

发射的洲际弹道导弹、水下潜射导弹和巡航导弹，一般是中程和远程的导弹。战役战术导弹是指用于执行战役、战斗攻击任务的导弹，大多指中、近程导弹。

按发射地点和攻击目标不同，导弹又可分为地对地、地对空、岸对舰、空对空、空对地、舰对舰、舰对空以及反潜、反坦克导弹等多种类型。

为什么洲际导弹要采用多级火箭？

洲际导弹在发射时，不是采用单级火箭，而是像叠罗汉似的，把多级火箭接起来。你知道这是什么道理吗？

原来，洲际导弹的设计射程很远，而它在完成主动段飞行之后，是靠自身的惯性继续飞行的。这就要求在与火箭分离的一瞬间，必须获得音速20倍以上的速度，才能打击10000千米以外的目标。如果给火箭多携带推进剂，延长发动机的

俄罗斯SS—25"白杨"洲际弹道导弹
它长21.5米，重45.1吨。射程10500千米，可部署在活动的发射架（公路机动发射装置）上，也可部署在地下发射井里。

工作时间，在现有技术条件下，势必增加整个火箭发动机的重量，多消耗推力，速度也无法有效提高。

为了尽量提高洲际导弹的飞行速度，人们想到了采用接力赛跑的方法，把几级火箭接起来，依次使用。第一级火箭推进剂用完了之后，由分离机构迅速自动地将第一级火箭空壳抛掉，同时点燃第二级火箭，继续加速。这样，由几级火箭接力，不断使速度递增，就可以使火箭达到预定的速度。

为什么战术导弹要垂直发射？

导弹发射有两种情况：发射时导弹纵轴线与地平面处于垂直状态的叫做垂直发射，若与地平面呈倾斜状态的则叫做倾斜发射。为什么战术导弹要垂直发射呢？这是因为垂直发射有如下优点：

1. 所占空间少。同类型的导弹车便于密集布防，形成有效的杀伤区域。

2. 反应速度快。只需要完成一个打开发射盖的动作，就可实现连续发射，

攻击多方向的目标。

3. 易于和不同战术兵器协同部署。一个发射箱即是一个独立的发射单位和作战实体，可以满足不同任务的要求，灵活组合，形成有利的防御区。

4. 设备简单，成本低廉，可靠性高。由于垂直发射的射向不是直接对准目标，而是靠自身携带的高灵敏度的制导系统自动飞向目标，所以，不需要旋转、复杂的瞄准机构和输弹机构。

5. 隐蔽性好，生存力强。它可以布置在防护装甲板下面。

所以，目前用于战术目的的防空导弹、反舰导弹以及反坦克导弹等都开始向垂直发射的方向发展。

俄罗斯SS－21战术导弹
它利用车载发射装置，具有灵活机动的特点。

为什么"爱国者"能拦截"飞毛腿"？

"爱国者"导弹是美军专门用于拦截高性能飞机、导弹的全空域四联装箱式防空武器。其作战半径最大为80千米～100千米，最大飞行速度为音速的5～6倍，杀伤半径20米，反应时间仅需1.5～2分钟，拦截成功率达80%以上。

在1991年的海湾战争中，美国制造的"爱国者"导弹拦截了绝大多数伊拉克发射的"飞毛腿"导弹，名声大振。为什么"爱国者"能拦截"飞毛腿"呢？这与"飞毛腿"导弹自身存在致命弱点、"爱国者"导弹具有与众不同的特殊高效性能和设备，以及美军拥有先进的预警侦察系统分不开。"飞毛腿"导弹飞行轨道是在地面预先设定的，发射后弹道不能改变。美军指挥中心可由侦察卫星和预警飞机传送信息，迅速算出"飞毛腿"导弹的飞行轨道与到达目标的时间，启动目标周围的"爱国者"导弹系统开始搜索，

美国"爱国者"地空导弹
这种导弹的最大射程15000米，最大射高13000米，最小射高30米，单发命中概率达80%。

该系统的多功能相控阵雷达捕捉目标过程短,作用距离远,准确性高。"爱国者"导弹发射系统自动化程度高,反应快,在雷达捕捉到目标后,导弹几分钟之内就能发射出去。这种导弹装有固体燃料发动机,速度很快,采用复合制导系统,初段按预选程序飞行,中段按雷达指令前进,末段根据"飞毛腿"导弹反射的雷达波主动寻找目标,并把测得的数据传给地面,地面制导雷达则及时发出指令控制导弹飞行,直至击中目标。

为什么氢弹也叫热核武器?

由于氢弹是以氘和氚作为核聚变装料的,它们都是氢的同位素,所以人们习惯上把这种武器叫做氢弹。可是,为什么在一些场合又把它称为热核武器呢?

所谓热核武器是指在非常高的温度下,把氢原子核聚变成重原子核而释放出巨大能量的一种武器。核聚变需要超高温的条件,可是,这样的超高温在自然界中只存在于太阳等恒星内部。原子弹研制成功后,人们借助核裂变释放出的巨大能量,人为地制造了这个超高温的条件,从而使核聚变反应得以实现。

当氢弹爆炸时,里面装的普通炸药首先将核聚变材料铀或钚迅速压缩,产生核裂变反应,形成几千万摄氏度的超高温。在这样高的温度

1951年,世界上第一颗氢弹爆炸成功

下,核聚变材料氘和氚的核外电子都被剥离掉了,形成了一团由裸原子核和自由电子组成的气体,氘和氚的核子以每秒几百千米的速度相互碰撞,剧烈地进行合成反应。在形成新氦核的同时,放出大量的聚变能量,完成爆炸过程。因为以上反应是热核反应,氢弹也就被称为热核武器了。

基因武器为什么特别可怕?

基因武器是利用生物遗传特性研制的一种新概念武器。这种武器对人的杀伤力是毁灭性的,远远超过核武器的威力。

在制造基因武器时,技术人员把地球上能够使人得病、致死的生物排列出来,

然后有选择地把这些生物细胞中的部分脱氧核糖核酸分离出来，相互拼接，创造出一种新的生物。新的生物通过细胞遗传功能具备了两种以上生物的基本特性，它对人的杀伤力既难预防又难控制。比如，把感冒病毒与眼镜蛇的基因拼接，就会产生一种新的病毒，人一旦受到它的侵害，不仅会出现感冒症状，而且会出现被蛇咬伤的中毒特性。如果解不开它的遗传密码，就无法进行治疗，只好坐以待毙。

基因武器是相当可怕的，一旦被投入实战，人类就会面临空前的浩劫。因此，许多科学家强烈呼吁：一定要销毁基因武器。

空间飞行器的形状为什么千奇百怪？

空间飞行器分属于人造地球卫星、飞船、空间站及探测器等人造天体。它们根据用途的不同，各以其特定的结构和方式运行在不同的轨道上。

空间飞行器的结构主要分为两部分：一部分是为满足特定用途，如通信、导航、气象观测、资源探测、军事侦察等的专用系统；另一部分是共有系统，包括壳体系统、姿控系统、测探系统、温控系统及电源系统。

空间飞行器

飞行器不仅结构复杂，且外形多样，如有球形、圆锥形、柱形、多面球形等；有的顶着"涡状"天线，有的伸出一块或几块平板，有的带有几根鞭状的细杆。为什么空间飞行器的形状千奇百怪呢？它们之所以不像飞机、汽车、火车那样具有统一的流线外形，是因为它们都是在近乎真空的条件下运动，不必要太考虑运动阻力，而主要是考虑空间发射和运行性能等因素，所以，其形状也就千差万别了。

谁在太空修复了哈勃望远镜？

哈勃空间望远镜是最先进的天文望远镜，重 12 吨，运行在高 587 千米的地球轨道上。在 1990 年被送入太空后，发现由于制造失误，导致望远镜的成像模糊，太阳能电池板也有故障，使得哈勃空间望远镜不能充分发挥作用。

1993 年 12 月 2 日至 13 日，美国"奋进"号航天飞机上的 7 名宇航员进行了艰难的太空操作，成功地修复了哈勃空间望远镜。宇航员操纵航天飞机上的机械臂，将"哈勃"拉进货舱并固定住。修复"哈勃"是在敞开的货舱中进行的，需要宇航员以太空行走来完成。宇航员分成两组轮流到平台上工作，为"哈勃"更换了 11 个部件，共在太空中行走了 5 次，在开放的空间共逗留 35 小时 28 分钟，创造了航天史上的新纪录。

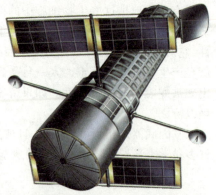

哈勃望远镜电脑效果图

这次行动开创了人类在太空修复大型航天器的先例，对于远征火星或其他航天活动来说，在太空中修复和组装航天器具有特殊的作用，在航天技术上具有重要意义。

为什么空间站是建在宇宙空间的实验室？

空间站是一个大型载人的、在太空能长期运行的人造卫星，是环绕地球运动的半永久性空间基地。空间站是整个航天体系中的重要组成部分。它可以接送来往的人员和物资，并担负通信任务；可以对其他航天器进行后勤保障、维修与保养；可以作为发射平台，把新的人造天体送入太空；也可以利用太空的特殊环境从事科学研究，进行材料加工，完成对地监测、资源勘查、天气预报以及天文观测等任务；还可以与其他航天器在太空对接，组合成更大的轨道联合体，为宇航员在太空长期工作和生活创造良好的条件。

空间站用途很广，鉴于太空中的高真空、高纯净、微重力和高位置，它在科学研究、国民经济和军事上都有重大价值。

前苏联"礼炮"7 号空间站和"联盟"号飞船的轨道联合体

第八章

人体奥秘

 受伤后血为什么能止住？

　　我们平时如果不小心割破了手指，伤口流一会儿血以后就会凝结成痂，不久痂自己脱落了，伤口也就彻底愈合了。这到底是怎么回事呢？

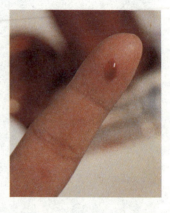

　　原来这是血液内的血小板在起作用。血小板是一种血细胞，里面含有许多凝血因子。当人体受伤后，血小板从血管中流出并马上破裂，聚在伤口处并释放出凝血因子，将血液中的凝血酶（méi）原转变成凝血酶，

凝血酶又将血液中的纤维蛋白原转变成纤维蛋白，纤维蛋白互相交织成"网"堵住伤口，于是血就凝固了。

 人为什么会出汗？

　　人体每天需要摄取食物以得到能量，而体内物质在新陈代谢过程中会分解释放能量，但是人是恒温动物，需要将过多的热量散发出去，出汗就是人体散热的主要方式。汗水蒸发时不仅会带走热量，还能带走体内的废物，杀死皮肤表面的细菌。有时人出汗是由于剧烈运动、饮水过多或心情紧张刺激汗腺活动所致。

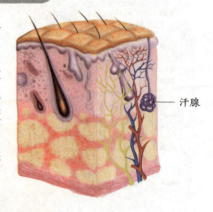

汗腺

 人感冒时为什么会流鼻涕？

　　原来人的鼻孔里长了一层厚厚的黏膜，黏膜能产生一种像米汤一样的黏液，这就是鼻涕。鼻涕对人是非常有用的，它不但能湿润鼻孔，防止鼻黏膜干燥出

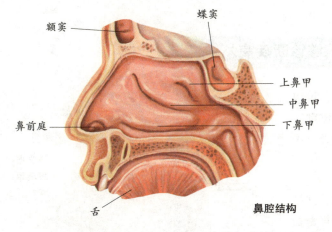

额窦
蝶窦
上鼻甲
中鼻甲
下鼻甲
鼻前庭
舌

鼻腔结构

血，还能把进入鼻孔里的灰尘和细菌粘住，不让这些坏东西进到人体里去作怪，人也就不容易生病了。别看鼻涕看起来惹人讨厌，可没有它还真不行呢。当感冒、伤风的时候鼻黏膜肿胀，鼻涕就会特别多，那时当然得把流出来的鼻涕擦掉。

人的眼睛怕冷吗?

住在北方的小朋友们都知道，每到冬天，为了抵御寒风刺骨、大雪纷飞的天气，我们会把整个人用厚厚的棉衣包裹起来：戴上帽子和围脖，嘴巴戴口罩，身上穿羽绒服，手上戴棉手套，脚上穿暖和的棉鞋。唯一不受关注的就是眼睛了，但奇怪的是眼睛毫无冷的感觉。这是怎么回事呢?

眼睛的构造非常奇妙，它由角膜、巩膜构成，虽然痛觉、触觉很敏感，却没有感觉冷热的神经。另外，眼皮一方面保护眼球，另一方面还可以提供热量，所以眼睛从来不怕冷。

眼睛为什么能看东西?

眼睛是由眼球和眼眶、结膜、眼器、外肌等结构构成的，看东西主要靠眼球。眼球中间有个圆孔叫瞳孔，外界的光线通过瞳孔照入眼球里面，眼球里面的晶状体再把光线汇聚反射到视网膜上，视网膜的1亿多个视神经细胞把物体上的感觉"影像"摄下来，图像刺激视网膜的感光细胞，这样眼睛就能看见物体了。

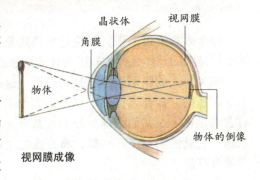

晶状体
视网膜
角膜
物体
物体的倒像

视网膜成像

 ## 为什么看眼底能够诊断疾病?

医生检查疾病的时候,可以采用不同的方法。西医要借助听诊器在人的胸部、腹部检查,中医则借助号脉诊断疾病。

你知道吗?检查眼睛也可以诊断出一个人有没有疾病。这是因为,眼睛与身体各个器官密切相关,眼底上有视网膜和视神经乳头,以及中央动静脉和布满在视网膜上的大大小小的血管。许多疾病的征兆常会在眼底反映出来。医生通过检查视网膜的组织结构、形态、血管变化,即可推断出人是否患了病。

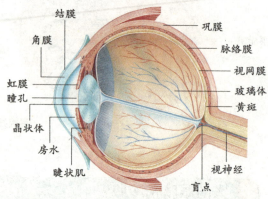

眼的构造

这是人眼的切面图。晶状体将眼球分为两部分,晶状体前面的液体称为房水;晶状体后面充满一种胶冻状液体,称为玻璃体。光线通过角膜、房水、晶状体和玻璃体进入眼球,然后聚焦落在视网膜上。眼球由视神经直接和大脑相连。

检查眼底的工具是检眼镜,有直接检眼镜和间接检眼镜两种,这两种检查均在暗室中进行。直接检眼镜检查的距离近,看到的范围小;间接检眼镜所看到的范围较大,立体感强。

眼底检查不仅对眼科疾病的诊断有重要意义,还能通过不同的眼底表现,对某些全身性的疾病,特别是内科和神经科疾病做出诊断。

 ## 为什么眼泪是咸的?

每个人都流过眼泪,无论是悲伤还是喜悦,都有可能使人流泪。而且,人的眼泪是咸的。那么,你知道为什么泪水是咸的吗?

原来,人的眼泪里含有盐。当然,这盐并不是谁放进去的,而是我们身体本身制造的。盐在人体内可以说是无处不在,血液里、体液中、各个组织内都有它的足迹。在我们眼球的外上方都有一个像小拇指指尖那么大的东西,叫作泪腺。它就像个加工厂一样,将血液加工制造成泪水,这样,我们的泪水中自然就含有盐了。

泪水并不是没有用处的东西,相反,它对我们的身体有许多好处。除了替我们表达各种各样的情绪外，它还有一项很重要的功能，那就是保护我们的心灵之窗免受细菌、污物的侵害，起到杀菌和消毒的作用。泪水在眼球表面形成一层薄薄的膜，可起到湿润角膜防止干燥的作用。

为什么看绿色对眼睛有益？

大家可能都有这样的体会：当眼睛感到疲劳的时候，到草坪上走一走，或者是眺望一会儿远处的树木，就能使视觉很快得到恢复。的确，不仅视力不好的人看绿色对眼睛有帮助，即使是视力正常的人，在用眼一段时间后，也应该多看看绿色，这对保护视力很有帮助。

那么，你知道为什么多看绿色对眼睛有益吗？自然界的物体有各种不同的颜色，每种颜色都能给人不同的感受，比如红色、黄色会给人耀眼的感觉，绿

正处在成长期的少年儿童，如果学习时感到眼睛有疲劳感，可以转移视线看看绿色植物，能防止近视。

色、青色会使人觉得平静、舒适。每一种色彩对光的吸收和反射也不一样，比如红色反射量是67%，黄色是65%，绿色是47%，青色是36%。这也就是为什么红色、黄色比较刺眼，而绿色、青色比较柔和的原因。

由于青色和绿色对光线的吸收和反射比较适中，所以人体的神经系统、大脑皮质和视网膜组织比较能适应。青草和绿树可以减少强光中对眼睛有害的紫外线的反射，能减少强光对眼睛的刺激，所以，在课余时间多看看绿树、青草，对消除眼睛疲劳大有好处。

为什么光线太强也能使人近视？

一般人认为，近视是由于光线不足或者长期过度使用眼睛造成的。所以，很多人为了保护视力，预防近视，便一味增加室内照明度。结果没有保护好眼睛，依然造成了近视。

许多人感到不理解，为什么光线强也能导致近视呢？原来，如果眼睛周围的光线太强，在强光进入眼帘后，由于强光刺激视网膜的感光细胞，再通过视神经的传导，引起巩膜内的环状平滑肌处于长久的、疲劳的收缩状态，使瞳孔

强烈的日光也会刺伤人的眼睛，所以在阳光强烈的时候，尤其是夏日，小朋友们要尽量避免直视太阳。

缩小，限制进入眼球的光线数量。加上青少年正处于生长发育阶段，眼睛与身体其他器官一样，尚未完全成熟，容易受外界因素过度刺激而发生变化。眼睛长期受到强光的刺激，可造成眼球功能上的改变，这就使眼睛的调节功能失常，从而成为近视眼。

由此可见，科学的用眼方法是照明的光线不要太弱，也不要太强，最好是比较柔和的暖色光。再加上讲究用眼卫生，才能有效预防近视。

人的头发为什么颜色不同？

人的头发有许多种颜色，同样都是人，为什么头发的颜色会不同呢？原来，人的头发在生长过程中可产生两种色素：一种使头发呈现从深黑到浅褐色的各种色调，另一种色素使头发呈现金色、金褐色或棕色。由于人种的不同，色素的含量各异，所以头发呈现不同的颜色。

欧美人的头发一般为棕发或金发。

可是，即使同属黑头发的黄种人，有的人头发乌黑发亮，有的人头发又黄又脆，这又是怎么回事呢？这是因为生长头发的毛囊有皮脂腺，可以分泌带油性的皮脂；在每根头发被牵动的时候，皮脂就会从皮脂腺向上顺着头发渗出来，滋润头发。每个人皮脂腺分泌是不同的，一般与生活条件、健康状况有关。营养结构失调导致蛋白质、脂肪含量少，经常暴晒太阳，经常用碱性强的肥皂洗发，经常染发烫发，都会导致头发枯黄无光或脱落。而如果一个人的身体健康、营养均衡，头发就会又黑又亮。

多吐唾沫也会影响健康吗？

唾液有什么用呢？它和健康有什么关系？这些你都想过吗？

唾液，是人体的一种重要消化液。在人体口腔中，有 3 对大的唾液腺和一些零散的腺体，一个人每天要分泌大约 1200 毫升 ~ 1500 毫升的唾液。唾液中大部分是水，此外还有能够分解淀粉的消化酶、无机物离子等。

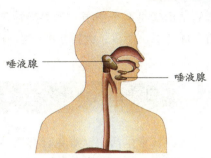

唾液腺

唾液腺分泌的唾液可以初步帮助我们消化食物，所以小朋友不能频繁地吐唾液。

其实，唾液对人体并不是可有可无的，它有许多用处。人吃入食物后，需要有唾液的参与以便在口腔里充分咀嚼和搅拌食物，食物湿润了才利于吞咽。唾液中的消化酶还能将一些淀粉分解成麦芽糖，供人体吸收。

此外，唾液中还含有能够杀菌的物质。医药学家研究发现，有相当多的药物经口服或注射后，有一部分会经过血液转移到唾液中去，因此，在患者服药或注射药物期间，最好不要多吐唾液；口水多的时候应咽下去，以免药物损失，影响疗效。科学家的最新研究表明，唾液还对食物中的某些致癌物质具有解毒的作用，因此有人甚至把唾液称为"天然防癌剂"。

由此可见，看起来不起眼的唾液对于人体来说还真是一种很有用的东西呢！

人的大拇指为什么只有两节？

人的手有 5 个手指，除了大拇指外，食指、中指、无名指、小指都有 3 个指节。唯独大拇指只有两个指节。你别小看大拇指，它虽然短小，却独占整个手功能的一半。如果没有了大拇指，整个手就变得极不灵活。

你知道为什么大拇指只有两节吗？原来，大拇指的这种结构是人长期进化的必然结果。人的祖先是猿，猿开始直立行走后，上肢逐渐从爬行的功能中解放出来，下肢则专门用于负重行走。

这种分工导致了手指功能的变化。大拇指逐渐变长且更加粗壮有力，还有一群发达的大鱼际肌肉，使人类的大拇指能与其他四指对掌活动。为了适应大拇指的对掌活动，使大拇指能够进行伸屈、收展、旋转等，最

人的大拇指长有两节，使人更便于抓握和提拿物体。

133

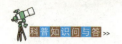

佳的结构就是两个指节。如果拇指仍保持三节长，活动就不能兼备灵活与稳健两个优点了。所以，大拇指的结构是自然选择的结果。

 ## 伤口愈合时为什么会感觉痒？

人在日常生活中，难免会有些磕磕碰碰，从而蒙受外伤，伤口也会流血。你一定有过这样的体会：当伤口快要好的时候，会感到特别痒。

为什么人在伤口快好的时候会感到特别痒呢？原来，人体皮肤分好多层，表皮的最低层叫生发层，再深一点叫真皮层。如果伤口深到真皮层，快愈合的时候就会发痒。这是因为，皮肤表层的细胞有很强的再生能力，能够不断地生长繁殖，受伤的皮肤经过一段时间，就会由再生细胞修补长好。

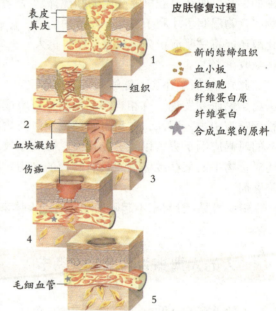

皮肤修复过程

- 新的结缔组织
- 血小板
- 红细胞
- 纤维蛋白原
- 纤维蛋白
- 合成血浆的原料

表皮
真皮
组织
血块凝结
伤痂
毛细血管

皮肤下面有很多组织，像血管、神经等，其中也要长结缔组织。血管组织的生长比神经组织生长快，数量上也更多。神经末梢长结缔组织的时候，伤口就可以感觉到痒和痛了。这时候结缔组织里的血管特别密，老是挤压神经，新的神经又比较敏感，一挤就有反应，所以我们就感觉到痒了。

男人为什么大多比女人高？

在我们周围，你可以发现：从平均身高上看，男人比女人高一些。你知道这是什么原因吗？原来，一个人的高矮，主要取决于下肢骨头的长短。女人之所以长得矮，男人长得高，关键就在于男女下肢骨骼的发育不同。

人的身体发育有一定的规律，并不是年年一样。如果一个人出生时的身高是 50 厘米，那么，到 5 岁时人约会增加 1 倍，为 100 厘米。到六七岁时，人每年要长高 8 厘米 ~ 10 厘米。这以后一直到青春期前，人的生长速度开始减慢，每年只不过长 3 厘米 ~ 4 厘米。进入青春期后，人身高的增加速度又重新变快，每年可增长 5 厘米 ~ 7 厘米。待到十七八岁，青春期结束转入青年期后，身高的增加全靠脊柱的增长。脊柱的增长慢而持久，因此，身高增加也减速。

男性的生长发育虽然比女性晚，但生长速度超过女性，并且结束得迟。一般女性在 19 岁 ~ 23 岁不再长高，男性要到 23 岁 ~ 26 岁才停止增长，所以女人一般比男人要矮一些。

缺钙为什么会抽筋？

在人的身体内，如果钙的含量过多，会诱发尿结石，而缺钙则会引起四肢，特别是手、足的抽筋。它表现为手腕、手掌、手指弯曲得像鹰爪，两只脚也变得僵硬。伴随着抽筋，病人十分惊恐、焦虑和激动，甚至歇斯底里般大叫大嚷。严重时，因喉部气管肌肉阵阵收缩，还会发生呼吸困难。一般缺钙情况下发生抽筋，每次可历时几秒至几十秒，一天可出现多次，病人十分痛苦。

为什么缺钙会导致人抽筋呢？原来，钙质具有约束神经和肌肉活动的本领，也就是只允许神经、肌肉根据生理需要规规矩矩地工作，不能过于兴奋地乱动。万一身体内钙的含量低于正常值，神经、肌肉不再受到钙质的约束，就会出现抽筋现象。

多喝牛奶能补充人体内的钙含量

产生缺钙的原因很多，例如长期禁食或进食不多，甲状旁腺功能减退，大量的钙被赶进骨骼里，造成血液内的钙质太少等。所以，我们平时只有注意钙的正常吸收，才能确保身体健康。

生冻疮是怎么回事？

在我国长江流域的一些地方，到了冬天的时候，不少小朋友的脚或手会又疼又痒，这是生了冻疮（chuāng）。冻疮是冬季常见病，因为长期暴露在寒冷环境中而引起的局限性红斑炎症性皮肤损伤。患者多具有冻疮素质。主要症状是

局部皮肤出现指甲盖、蚕豆大小、暗紫红色、隆起的水肿性斑块或硬结，表面紧张光亮。不少人认为冻疮是冻出来的，其实，这是一种误解。据调查，我国的北方虽然冬天气温低，但那里的人却不容易生冻疮。相反，在我国的南方大部分地区，冬季却多发这种皮肤病。

那么，人为什么会生冻疮呢？这是因为，冻疮的发生不仅需要低温，还需要潮湿的环境。我们知道，冻疮主要发生在儿童和青少年身上，而且常分布在耳、手、足等部位，原来这是由他们身体局部的血液循环不畅造成的。儿童的脸颊上也容易生冻疮，表现为红肿、发痒或刺痛。如果处理不当，就会引起水泡、糜（mí）烂等现象。人一旦生了冻疮，即使痊愈，到了第二年冬天，在相同的气候条件下，还会复发。所以，我们要加强体育锻炼，促进身体的血液循环，预防冻疮的发生。

 为什么心跳有时快有时慢？

心脏的跳动频率并不始终保持恒定，有时快一些，有时慢一些。人在平静或睡眠状态下，心跳是相对慢的。如果从事运动或精神紧张时，心跳就会加快。那么，你知道心脏跳动的快慢是如何控制的吗？

控制心跳快慢的是迷走神经和心交感神经，它们都来自脑部中枢。管理迷走神经活动的是心抑制中枢，可使心跳变慢；管理心交感神经活动的叫心加速中枢，可使心

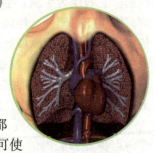

心脏在人体的位置

跳加快。这两种神经交互作用，决定了心跳的快慢。

人的大脑对任何外界的刺激或内心的活动都可以做出反应，大脑皮层是对这些刺激做出反应的最高管理机构。人在紧张时，大脑皮质就会对心加速中枢发出命令，通过心交感神经使心跳加快；如果处在睡眠或休息状态下，人体的运动量极小，大脑基本上不思考，消耗的能量很少，人的心跳就较慢。

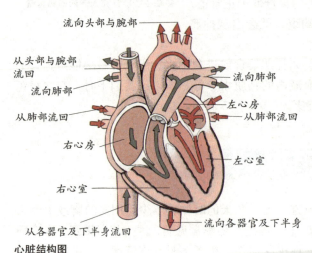

流向头部与腕部
从头部与腕部流回
流向肺部
流向肺部
从肺部流回
左心房
从肺部流回
右心房
左心室
右心室
从各器官及下半身流回
流向各器官及下半身

心脏结构图

舌头上的小疙瘩有什么用?

舌头表面有很多小疙瘩。这些小疙瘩的学名叫味蕾,它们可以感知各种各样的味道。

正常成年人约有一万个味蕾,绝大多数分布在舌头背面,尤其是舌尖部分和舌侧面,口腔的腭、咽等部位也有少量的味

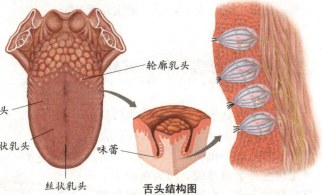

轮廓乳头

叶状乳头

菌状乳头

丝状乳头

味蕾

舌头结构图

蕾。人吃东西时,通过咀嚼及舌、唾液的搅拌,味蕾受到不同味道的刺激,将信息由味神经传送到大脑味觉中枢,便会产生味觉,人就会品尝出饭菜的滋味。

味蕾对各种味道的敏感程度也不同。人分辨苦味的本领最高,其次为酸味,再次为咸味,而对甜味的分辨能力则是最差的。味蕾中有许多受体,这些受体对不同的味道具有特异性,比如苦味受体只接受苦味配体。当受体与相应的配体结合后,便产生了兴奋性冲动,此冲动通过神经传入中枢神经,于是人便会感受到不同的味道。

有趣的是,不同部位的味蕾感知能力各有不同。例如,舌尖上的味蕾对甜味特别敏感,而舌根处的味蕾最容易感觉到苦味。另外,在舌头两侧也藏着很多小味蕾,它们最大的本领就是品尝大蒜的味道。

皮肤苍白就一定是贫血吗?

贫血是一种常见的病症。从检测指标上说,贫血通常是指成年人每升血液中红细胞和血红蛋白低于正常值。有许多人认为,只要皮肤苍白就是贫血。其实,这种观点是片面的,不科学的。

事实上,人的皮肤颜色的深浅受到多种因素影响。肤色不仅和血液里血红蛋白的数量有关,而且与皮肤厚度、皮肤色素含量等也有密切关系。此外,环境因素也对肤色有很大影响,比如,一个人如果长期不晒太阳,肤色也会比平时白一些。

由此可见，皮肤颜色苍白不一定是贫血引起的。相反，肤色较深的人也有患贫血症的可能。因此，确定某人是否贫血或贫血程度如何，不能单纯靠肤色深浅来判断，通常应以血红蛋白指标作为诊断贫血的依据。同时，医生也会结合贫血的临床特征，如皮肤、指甲根部、口唇的颜色，以及感觉心慌、气短、头晕、失眠、记忆力下降等，做出正确判断。

用鼻子呼吸有什么好处？

有不少人认为，鼻子和嘴都可以呼吸，二者没有太大的区别。其实，这样的观点是不正确的。用鼻子呼吸才是符合科学道理的，因为鼻腔不只是空气的通道，它还有温暖、湿润和洁净空气的功能。

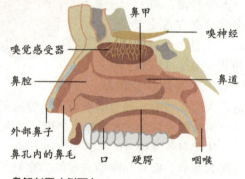

鼻解剖图（侧面）

鼻腔黏膜的血管十分丰富，具有收缩和扩张功能，而且能随着体内外环境的改变进行自我调节。当外界冷空气进入鼻腔时，小血管里的血液就增多，流速也加快，这样，就能把进入鼻腔的冷空气调节到和体温相似的温度；在另一种外部环境下，鼻腔可将干燥的空气变得湿润，以维持呼吸道的正常生理活动。

另外，鼻孔里长有许多鼻毛，用鼻子呼吸时，鼻毛能够挡住空气中的灰尘。当空气中的灰尘、微生物等被吸入鼻腔后，鼻毛和鼻子中的黏液会将它们吸附住。鼻腔分泌的黏液中还含有一种溶菌酶，它能抑制和溶解细菌。所以，用鼻子呼吸比用嘴巴呼吸科学、卫生。

男生和女生哪里不一样？

假如教室里有只大蜘蛛，老师说不用管它。可是那只蜘蛛爬来爬去，突然掉了下来，掉在一张课桌上，附近的女生立即发出高分贝的尖叫，这时几个男生立刻冲上去，三下五除二就把蜘蛛踩成了"肉泥"。显然，女生比较胆小，男生的胆子就大多了。那么，男生和女生究竟哪里不一样呢？

从生理特征来分：青春期发育不一样。男生喉结凸出，声带变宽，声音低沉；

女生喉结不凸出，声带变窄，声音尖细。男生乳房不发育，女生乳房发育变大。男生骨盆窄，女生骨盆宽大。

从性格特征来分：男生"是由泥巴做的"，性格属于粗犷型，具有阳刚的雄性特征；女生"是由水做的"，性格属于温柔型，具有阴柔的性格特征。

从感情特色来分：男生情感思想独立，比较重实际，属于比较直接的类型；女生情感思想含蓄，比较重心理，属于比较潜伏的类型。

人的肚脐是怎么来的？

我们每个人都有肚脐（qí），它圆圆的，长在小腹上部，看上去似乎没什么用处。那么，人的肚脐是怎么来的呢？

原来，人在胎儿时期，在母亲体内生长发育的营养物质是通过脐带获得的。脐带是一条像筷子一样粗的带子，构成母亲和胎儿之间唯一的联系通道。脐带内有两条脐动脉和一条脐静脉。脐动脉将母亲血液里的营养输送给胎儿，而胎儿排出的代谢废物则通过脐静脉送回给母亲，再由母亲排出体外，这样胎儿才能长大。

胎儿在母亲体内不断生长发育，到了 10 个月，胎儿就长大了。这时候，母亲就将胎儿生出来。刚出生的婴儿与母亲还由脐带连着。胎儿生出后能自己呼吸，由心脏跳动来供给血液，因此脐带失去了作用，医生就将婴儿的脐带结扎、剪断。剪断后的脐带逐渐萎缩，关闭通道，最

终就形成了我们肚子上的肚脐。

 人的皮肤为什么会起鸡皮疙瘩?

当皮肤受到冷刺激时，皮肤下面的感觉细胞会立即通知大脑，使人感觉到冷，同时也刺激汗毛下的竖毛肌收缩，使汗毛竖立起来。这时，人体皮肤表面变得很紧密，形成一堵保护墙，阻止体内热量的散失。

竖毛肌收缩的时候，会拉动毛根，于是汗毛就直立起来。要把汗毛扳直，就会把皮肤带起一块，于是就形成一个个小疙瘩（gē da），看上去像去了毛的鸡皮一样，所以起名叫鸡皮疙瘩。人们不光遇冷会起鸡皮疙瘩，有时听到刺耳的声音或看到恐怖惊险的场面，毛发也会竖立起来，身上起一层鸡皮疙瘩。

对有毛的动物来说，起鸡皮疙瘩具有明显的自我保护功能。这些动物遇冷而软毛竖立，使软毛蓬松起来，这样更能保暖防寒。人的祖先古猿也是满身长毛的，人在进化过程中体毛已逐渐退化，但是起鸡皮疙瘩这一生理功能还是保留了下来。

 为什么哭也有益于健康?

现在，有不少科学家提出了哭有益于健康的新理论。这究竟是什么道理呢？根据科学家们的研究，他们认为：同样是眼泪，一个人在悲痛时流出的眼泪与伤风感冒或风沙吹入眼里所流的眼泪并不一样，它们所含的化学成分是不

同的。因悲痛而流的眼泪中含有一种能缓解痛苦的物质，流泪可减轻悲痛对健康的伤害。再说，如果的确很悲伤，有泪不哭出来，那么眼泪只好沿着鼻腔最后进入胃中，而眼泪中含有的有害物质就有可能引起哮喘、胃溃疡（yáng）、心脏病以及血液循环系统的疾病。

医学家们经过进一步研究后指出，悲痛时流出的眼泪中含有较高的蛋白质，这正是由于压抑而产生的压抑物质，哭泣所产生的眼泪恰恰把这种压抑物质从体内排了出来，从而避免人体受不良情绪和有害物质的损害。

因此，尽管我们提倡坚强，但该流泪的时候也不必压抑自己，否则会有损健康。

哪一种睡觉姿势最科学？

睡觉是人体得到休息的主要方式，要想休息得好，睡姿很重要。人的睡觉姿势多种多样，你知道哪一种最科学吗？

不少少年儿童喜欢趴着睡，其实，这是睡姿中最不科学的。因为俯卧着睡觉，胸部、心肺部都受到压迫，影响心脏和呼吸功能。这样睡觉，枕头还容易捂住鼻子，一侧颈部、肩背部、腿部的肌肉都难以得到休息，不利于生长发育。有的人则喜欢仰卧睡觉，这使躯干、腿部肌肉得不到休息，手放在胸前还容易做噩梦、打鼾（hān）。

在各种睡觉姿势中，以侧卧睡眠最好，最符合人体的生理功能。其中右侧卧睡觉更为理想，因为采取右侧卧姿时心脏不受压，有利于全身肌肉放松，血液循环通畅，入睡时间快，易于消除疲劳。

除了躯干和四肢，头的姿势也很重要。睡眠时，头朝南或朝北有益于健康。

男女的寿命为什么不一样？

根据世界范围的科研调查统计，女性的平均寿命要高于男性。有的小朋友一定会问：男性那么强壮，女性相对纤弱，为什么女性的寿命反而比男性长呢？

原来，女性的不良嗜好较少，如吸烟、嗜酒者比例较小，对身体的人为损害也少些。更主要的原因是，女性的免疫系统比男性强，这是女性寿命长的最主要原因。与男性相比，女性有更复杂的免疫系统。女性体内免疫球蛋白等的含量比男子多，其天然免疫防御功能也较强。女性得免疫缺陷病的也比男性少。

免疫系统与染色体关系极为密切。染色体上存在许多与免疫有关的基因，

如果某些基因存在缺陷，那么免疫系统的结构或功能也会出现相应的变化，这显然将削弱整个人体的免疫力。女性受先天的遗传影响比男性小，目前已知的各种遗传病中，男性易得的占75%，女性易得的只占25%。正因为如此，女性的寿命要比男性长。

 ## 人体内有多少血液，起什么作用？

一个人体内的血液总量，大约占体重的8%。例如，一个体重为50千克的人，他身体内的血液约有4千克。

我们身体里的血液在不断地进行新陈代谢，衰老的血液细胞死亡了，新生的血液细胞又会被制造出来。制造血液的地方，在骨头的骨髓里，所以人们又把骨髓叫做造血工厂。

血液在人体内主要有运输和防御两大功能。

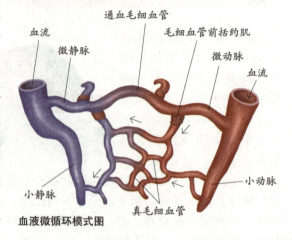
血液微循环模式图

1. 运输功能：血液在心脏的推动下，沿大小血管不断地在全身循环着，我们吸进体内的氧气，补入体内的营养物质，都要靠血液运往全身；全身各处产生的二氧化碳和其他废物，也要靠血液运到肺脏或肾脏中去排出体外。

2. 防御功能：血液中有一种白细胞，又叫白血球。白血球就像卫士一样，能够吞吃侵入的细菌，保卫着身体健康。血液中还有许多抵抗病菌的物质，叫做抗体，也能够杀灭侵入人体的细菌。

人的细胞有什么作用？

细胞是表现生命现象的基本结构和功能单位，形状多种多样，主要由细胞核、细胞质、细胞膜等构成。

你知道，人的身体是由什么组成的吗？比如说，正因为我们的身体里有骨骼，才不会软绵绵的。骨骼是由许许多多的骨细胞组成的。胃、肝脏、皮肤同样也是由各自的细胞组成的。也就是说，细胞的首要任务就是准确无误地构成我们的身体，其次是在各个环节上发挥它们各自的作用。

这如同一辆汽车。汽车是由很多零部件组成的，只有组装正确，汽车才能正常行驶。我们的细胞也和那些汽车零部件一样，据说组成我们人体的细胞约有 60 兆个。正因为如此，众多的细胞在各自的岗位上辛勤地工作着，我们的身体才能这样健康。

人体经络是怎么回事？

自来水从水厂出来，经过大大小小的水管，流入千家万户。经络就像这大大小小的水管一样，在人体内组成一个很完整的经络系统。经络的经，是路径的意思，络是指网络。经络的含义是一种通道结构。经络中粗大的称经脉，在人体中一般呈纵向分布，有固定的循环路线，比如从头到脚的走向，从上肢的远端到近端的走向。经脉有相应的名称，一般以该经脉和与之有密切关系的某脏腑来命名。手太阴肺经，提示这条经脉与肺的生理和病理关系较密切。

比经脉小的称络脉，络脉中再小的叫别络，其分支称孙络，浮行于浅表的叫浮络。络脉的分布呈纵横交错的网状结构，它们把人体的五脏六腑、上下里外联系起来，使人体形成一个完整的有机体。

胸背前后两面可以开合，体内雕有脏腑器官

铜人表面镂有穴位，穴位旁刻题穴名

经络学是人体针灸和按摩的基础，是我国中医学的重要组成部分。图为北宋时期的针灸铜人。

通过经络，气、血、津液等营养物可以输送到全身各部，来营养内脏、肌肉、关节。在病理方面，经络又是多种疾病的传输通道。当一种病邪侵犯了人的体表，没有及时治疗，病邪就可循着经络传向内脏，传向人体深部，这就是中医所说的"由表及里"。

体味和人有什么关系？

体味就是人的身体向外发出的气味。这些气味主要是由皮肤中的汗腺、皮脂腺等各种皮肤腺体的分泌物挥发而产生的。

男女的体味明显不同，这是由男女内分泌等生理活动的不同引起的。女性

的体味还会随着月经或排卵等生理活动而发生变化。正是由于这个道理，青春期男女散发的体味具有吸引异性的魅力，这已是被科学实验证明了的事实。科学家们认为，一夫一妻制家庭模式的维持，在很大程度上要归功于夫妇间对对方体味的相容与接受。而现代女孩子月经"初潮"的年龄提前，也与社会开放、男女接触自由、女孩子更早和更多地接受男性体味的影响有关。

种族不同，体味有明显差异：黑人汗腺丰富，体味最浓；其次是白人；黄种人的体味相对最弱。

饮食习惯会影响人的体味，例如牧民以牛羊肉和奶制品为主食，身上自然带有一种"膻味"。

疾病也会使人产生异样的体味。例如糖尿病患者会发出类似苹果味的气味，尿毒症病人呼出的气则带有刺鼻的氨味。据此，医生常根据病人的气味来协助诊断，医学上称为"嗅诊"。

体味与人的关系不仅密切，而且充满谜团，还有待人们不断地研究和探索。

骨骼为什么十分坚硬？

骨骼是人体的"支架"，所以它的组织特别坚硬。骨骼分为骨皮质与骨髓质两部分。真正坚硬无比的是骨皮质，而骨髓质半空心，宛如丝瓜筋络，是制造血液的"工厂"。

骨皮质如此坚硬，究竟是由什么成分组成的呢？下面有一张成分配方：水50%、脂肪15.75%、有机物（骨胶质等）12.4%、无机物（钙、镁、钠、磷等）21.85%。正是这些物质所构成的组织结构保证了骨骼有一定的坚硬度。科学家发现，骨皮质里的组织结构特别精致，好像钢筋水泥一般。骨的有机物宛如钢筋一样，组成网状结构，有层次地紧密排列，使骨骼具有弹性与韧性。骨的无机物，特别是钙与磷结合成的羟基磷灰石，会紧密地填

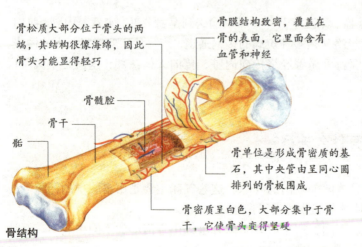

骨松质大部分位于骨头的两端，其结构很像海绵，因此骨头才能显得轻巧

骨膜结构致密，覆盖在骨的表面，它里面含有血管和神经

骨髓腔

骨干

骺

骨单位是形成骨密质的基石，其中央管由呈同心圆排列的骨板围成

骨密质呈白色，大部分集中于骨干，它使骨头变得坚硬

骨结构

充在有机物的网状结构中，像钢筋水泥中的水泥一样，使骨骼具有了相当的硬度与坚固性。

以人的胫骨为例，纵向拉力强度，钢最大，为 4240 千克 / 平方厘米；骨次之，为 930 千克 / 平方厘米 ~ 1200 千克 / 平方厘米；洋松为 64.5 千克 / 平方厘米；花岗石仅为 50 千克 / 平方厘米。纵向压力强度也是钢最大，骨次之，花岗石第三，洋松最差。骨还有一个优点，即密度较低，仅 1.87 克 / 立方厘米 ~ 1.97 克 / 立方厘米，比洋松略大，比钢与花岗石都低，虽然质量较轻，却有远胜于花岗石的承受拉力与压力的能耐。有人测定，新鲜股骨、胫骨和肱骨的抗压强度，分别达 902 千克、780 千克和 722 千克。在对其进行弯曲试验时，可承受最大不断裂的负载，股骨为 393 千克，胫骨为 237 千克，肱骨为 215 千克。骨骼的坚硬与韧性真是让人惊叹！

 ## 断肢为什么能再植？

断肢再植最先在我国获得成功。1963 年，我国陈中伟等医生首次再植成功一例前臂完全性创伤性断离者，并使之恢复了良好的功能。

随着显微外科的发展，现在几乎完全断的拇指也能再植成功，而且存活率大大提高，一般可在 88% ~ 94% 之间。一些原来认为不能再植的断指，也都再植成功。这些再植成功的断肢（指）中，有被冲床、切纸机等锐器断离的（多见于上肢），有被火车轮、机器齿轮等钝器所致的辗轧性断离，有被笨重机器、铁块等重物挤压所致的断离，还有被连续运转的机器损伤的撕裂性断离，等等。

断肢再植手术，首先是对残端的断离肢体进行清创。其次要对骨骼支架进行修复，用内固定方法加以固定。第三步是重建血液循环。对血管作进一步检查和清创，切除损伤的血管，进行对端吻合。若损缺过多，还要考虑血管移植。再对血管进行冲洗，看看血管是否阻塞或破裂，以保证缝接后有良好的血流。还要对血管周围的软组织进行修复，使吻合的血管不致回缩，血管缝合后周围没有死腔，也不与下面的骨组织和内固定物直接接触。第四步是缝合肌肉与肌腱，修复神经，最后缝合皮肤和覆盖创面。再植以后，肢体可能发生肿胀，严重时会影响肢体的存活，必须作相应处理。再植成功还只是第一步，使再植的肢

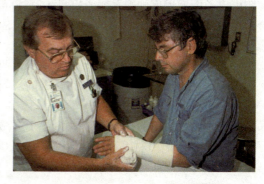

体恢复功能才是目的，也是评价手术是否成功的一项主要指标。因此，还要进行物理治疗、功能锻炼，等等。

 怎样才能开发右脑?

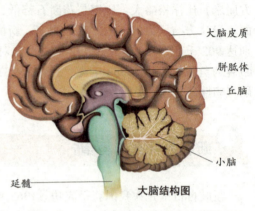

大脑结构图

三十多年前，美国科学家斯佩里对大脑的两个半球的功能进行了研究。他把猴子大脑连接两半球的神经切断，然后蒙住猴子的左眼，让它用右眼看东西，找食物。当猴子掌握了这个技能后，再把它的右眼蒙住，让它用左眼看东西，找食物。结果，猴子刚才还能做的事情，现在就全都忘记了。这就是说，把大脑两个半球之间的联系切断后，左脑、右脑就各管各的事了。

科学家们还验证过，左脑主要负责说话、书写、分析、计算等方面的工作，这属于逻辑思维；右脑负责感觉图形、认知空间，擅长于美术、音乐、劳作、技术等方面的工作，这属于形象思维。

90%以上的人都用右手工作，因此左半球优势比较明显。也有人提出来要开发右脑，认为这是充分利用大脑潜力的有效措施。

在开发大脑潜能方面，人们想了不少办法，究竟有多大效果，至今尚未有科学的结论。

开发右脑的方法有许多。其中一种是印度瑜伽的超觉静坐法。这种修炼方式如果没有老师的指导，盲修瞎练，或只凭书本去修行，一定会"走火入魔"。印度著名的瑜伽大师阿罗频多说过："修炼的人在印度很多，往往是师傅与弟子都没有达到一定水平，他们在那里修炼，如同面临悬崖峭壁，又如同在刀刃上行走，一旦失足，百头牛也拉不上来。"

另一种开发右脑的简单方法是：每天步行 13000 步 ~ 50000 步，一边走一边思考问题，比如今后的打算、长远的规划、自己的理想等。天天练下去，你一定会身心健康起来的。

日本开发右脑的办法更直截了当：让左眼看东西，想法让右眼暂时闲置起来；让左耳听音乐，用左手写字做活等，并多观察风景，听古典音乐，用地图与火车时刻表作假想旅行等。